Employee Experie
Tourismus

Nina Beyrl

Employee Experience Design im Tourismus

Mitarbeiter finden und begeistern

Springer Gabler

Nina Beyrl
EASE by Nina
Salzburg, Österreich

ISBN 978-3-658-46702-9   ISBN 978-3-658-46703-6 (eBook)
https://doi.org/10.1007/978-3-658-46703-6

Die Deutsche Nationalbibliothek verzeichnet diese Publikation in der Deutschen Nationalbibliografie; detaillierte bibliografische Daten sind im Internet über https://portal.dnb.de abrufbar.

© Der/die Herausgeber bzw. der/die Autor(en), exklusiv lizenziert an Springer Fachmedien Wiesbaden GmbH, ein Teil von Springer Nature 2025

Das Werk einschließlich aller seiner Teile ist urheberrechtlich geschützt. Jede Verwertung, die nicht ausdrücklich vom Urheberrechtsgesetz zugelassen ist, bedarf der vorherigen Zustimmung des Verlags. Das gilt insbesondere für Vervielfältigungen, Bearbeitungen, Übersetzungen, Mikroverfilmungen und die Einspeicherung und Verarbeitung in elektronischen Systemen.
Die Wiedergabe von allgemein beschreibenden Bezeichnungen, Marken, Unternehmensnamen etc. in diesem Werk bedeutet nicht, dass diese frei durch jede Person benutzt werden dürfen. Die Berechtigung zur Benutzung unterliegt, auch ohne gesonderten Hinweis hierzu, den Regeln des Markenrechts. Die Rechte des/der jeweiligen Zeicheninhaber*in sind zu beachten.
Der Verlag, die Autor*innen und die Herausgeber*innen gehen davon aus, dass die Angaben und Informationen in diesem Werk zum Zeitpunkt der Veröffentlichung vollständig und korrekt sind. Weder der Verlag noch die Autor*innen oder die Herausgeber*innen übernehmen, ausdrücklich oder implizit, Gewähr für den Inhalt des Werkes, etwaige Fehler oder Äußerungen. Der Verlag bleibt im Hinblick auf geografische Zuordnungen und Gebietsbezeichnungen in veröffentlichten Karten und Institutionsadressen neutral.

Planung/Lektorat: Angela Meffert
Springer Gabler ist ein Imprint der eingetragenen Gesellschaft Springer Fachmedien Wiesbaden GmbH und ist ein Teil von Springer Nature.
Die Anschrift der Gesellschaft ist: Abraham-Lincoln-Str. 46, 65189 Wiesbaden, Germany

Wenn Sie dieses Produkt entsorgen, geben Sie das Papier bitte zum Recycling.

Für meine Tochter.
You can.

Vorwort

Der zunehmende Fachkräftemangel, die Erwartungen der neuen Generationen sowie die Auswirkungen des demografischen Wandels generell manifestieren sich zunehmend auf dem Arbeitsmarkt. Die veränderten Einstellungen der jungen Generation, die heute in den Arbeitsmarkt eintritt, sowie ihr völlig neues Kommunikations- und Informationsverhalten prägen sämtliche Prozesse maßgeblich. Diese Entwicklungen erschweren die Gewinnung qualifizierter und engagierter Mitarbeitender und stellen Unternehmen vor komplexe strategische Aufgaben.

Die Employee Experience hat sich in den letzten Jahren zu einem der entscheidenden Wettbewerbsfaktoren für Unternehmen entwickelt, und touristische KMUs sind keine Ausnahme. Doch während die Bedeutung von Mitarbeitererlebnissen in vielen Branchen zunehmend an Anerkennung gewinnt, bleibt die Herausforderung für die Tourismusbranche einzigartig. Hier treffen Saisonarbeit, entsprechende Teamdynamiken, Internationalität, hohe Fluktuation und oft intensive Arbeitsphasen aufeinander, während die Erwartungen der Mitarbeiter an ihre Arbeitgeber immer weiter steigen – vor allem im Wettbewerb mit anderen Branchen. Unter diesen Vorzeichen hat sich das Thema der Employee Experience zu einem der zentralen Wettbewerbsfaktoren moderner Unternehmen entwickelt. Ziel: zeitgemäß, effizient, emotional, unwiderstehlich.

Employee Experience umfasst sämtliche Kontaktpunkte und deren Gestaltung, die (potenzielle) Bewerber und Mitarbeiter mit einem Unternehmen als Arbeitgeber in der Regel durchlaufen. Diese Erlebnisreise des Mitarbeiters mit und durch ein Unternehmen startet mit dem Erstkontakt, den die Person mit dem Unternehmen als Arbeitgeber hat, und geht bis zum Offboarding und vielerorts auch noch darüber hinaus. Die Gestaltung dieser Erfahrungen ist kein Trend, sondern bestenfalls ein strategischer und jedenfalls erfolgskritischer Teil der gesamten Unternehmensstrategie. Die Art und Weise, wie Mitarbeitende ihre Interaktionen mit dem Unternehmen wahrnehmen – von den ersten Berührungspunkten als Bewerber bis hin zum letzten Arbeitstag und darüber hinaus – prägt nicht nur die Unternehmenskultur, sondern sichert auch langfristig die Wettbewerbsfähigkeit, am Arbeitsmarkt und am Markt generell. Erfolgreiche Unternehmer und Führungskräfte managen die Erwartungen der Menschen nicht, sondern passen ihr Angebot entsprechend an, um Übereinstimmung zwischen Erwartung und Erfahrung zu schaffen und um Erwartungen positiv zu übertreffen.

Employee Experience Design geht über traditionelle Personalmanagementansätze hinaus. Es erfordert ein tiefes Verständnis für die Bedürfnisse, Erwartungen und Motivationen Ihres Teams sowie eine kontinuierliche Anpassung der Arbeitsumgebung, Prozesse und Unternehmenskultur an die sich wandelnden Anforderungen einer immer diverser werdenden Belegschaft. Es gilt, individuell lebensphasenorientiert, intergenerational und international zu denken.

Bis vor Kurzem haben wir uns im Tourismus mit voller Kraft und nahezu ausschließlich auf das Wohlergehen unserer Gäste konzentriert. Von Marketing über informative Mails vor der Anreise bis hin zur exzellenten Hardware und Dienstleistung im Haus. Das Finden und Binden der Gäste stand im Fokus. Seit einigen Jahren sieht sich die Tourismusbranche allerdings mit einem so noch nie dagewesenen Fach- und ganz allgemein Kräftemangel konfrontiert und ein Kampf um die besten Talente ist entfacht. Der Kampf scheint mittlerweile vorbei, gewonnen haben die Talente und jene Unternehmen, die auf diese Entwicklung reagiert haben. Motivierte und vor allem gut ausgebildete und erfahrene Persönlichkeiten finden jederzeit eine adäquate Stelle im Tourismus. Der Wandel, wo aus dem Arbeitgeber der Bewerber wird, hat stattgefunden. Die Macht hat sich zugunsten der Bewerber und Mitarbeiter verschoben.

Dieses Buch richtet sich an Führungskräfte, die die Zukunft ihres Tourismusunternehmens aktiv gestalten wollen. Es zeigt auf, wie eine durchdachte und strategisch ausgerichtete Employee Experience zu einem entscheidenden Differenzierungsmerkmal im Wettbewerb wird. Durch eine Mischung aus praxisnahen Beispielen und fundierter Theorie bietet dieses Werk einen umfassenden Leitfaden für die erfolgreiche Implementierung von Employee Experience Design in Ihrem Unternehmen. Es lädt Unternehmer, Führungskräfte und Personalverantwortliche dazu ein, Employee Experience als integralen Bestandteil der Unternehmensstrategie zu begreifen, der maßgeblich zum langfristigen Erfolg beiträgt.

Nur was innen glänzt, kann außen funkeln, und so laufen die kreativsten und stärksten Employer-Branding-Bemühungen langfristig ins Leere, wenn die tatsächliche Interaktion mit Bewerbern und Mitarbeitern nicht entsprechend professionell und positiv gestaltet wird. Nachhaltiger Erfolg als Arbeitgeber und eine Arbeitgebermarke mit ehrlicher und magnetischer Strahlkraft können nur gelingen, wenn Sie sich vorab oder parallel dem Innen Ihres Unternehmens widmen.

Vorwort

Es mag nach viel Aufwand klingen, entlastet jedoch langfristig Ihre Personalverantwortlichen. Der erhöhte Aufwand zu Beginn des Prozesses, der durch die Definition und Erstellung von Prozessen, Abläufen und Vorlagen entsteht, mündet nach und nach in reduziertem Aufwand.

Machen Sie sich bewusst, dass Employee Experience immer stattfindet, unabhängig davon, ob Sie sie gestalten oder nicht. Jeder Berührungspunkt, den potenzielle Mitarbeiter und Mitarbeiter mit Ihnen als Arbeitgeber(marke) haben, löst entsprechende Emotionen aus. Überlassen Sie das nicht dem Zufall!

Zur besseren Lesbarkeit von Personenbezeichnungen und personenbezogenen Wörtern wird die männliche Form genutzt, gemeint sind aber selbstverständlich alle Geschlechter.

Viel Spaß beim Lesen und viel Freude bei der Umsetzung wünscht

Nina Beyrl

Anmerkung: Es gibt jede Menge Zusatzmaterial zum Buch in Form von Checklisten, Formularen & Ideen zur individuellen Umsetzung in Ihrem Tourismusunternehmen. Bei Interesse melden Sie sich gerne direkt bei mir unter nina@easebynina.com.

Inhaltsverzeichnis

1 Employer Branding und Recruiting 1
   1.1 Der Kampf um die besten Talente 1
       1.1.1 Wie gelingt Employer Branding? 2
       1.1.2 Menschen als Magneten 4
       1.1.3 Weniger ist mehr und Individualität ist alles 6
   1.2 Kandidatenansprache – zielgerichtet und zeitgemäß 7
       1.2.1 Wo sind sie, die Talente? 9
       1.2.2 Performance Recruiting – Trend oder Lösung? 11
   1.3 Recruiting 13
       1.3.1 Die Candidate Journey 13
       1.3.2 Gesprächsführung 19
   Literatur 21

2 Onboarding 23
   2.1 Gestaltung des Einarbeitungsprozesses – (k)eine Sache des Bauchgefühls 23
   2.2 Onboarding – wie gelingt es? 30
       2.2.1 Das DISG-Modell (persolog®) 32
       2.2.2 Der administrative Onboarding-Prozess 34
   Literatur 35

3 Das Team begeistern, begleiten und binden 37
   3.1 Weiterbildung und Karrierewege 37
       3.1.1 Wo findet Bildung statt? 38
       3.1.2 Trends in der Weiterbildung 43
       3.1.3 Karrierewege und Nachfolgeplanung 44

3.2	Gehaltssysteme und Arbeitszeitmodelle		47
	3.2.1	Gehaltssysteme	47
	3.2.2	Arbeitszeitmodelle	52
3.3	Erfolgsfaktor Unternehmenskultur		58
	3.3.1	Unternehmenskultur und ihre Bedeutung	58
	3.3.2	Trends im Bereich der Unternehmenskultur	59
	3.3.3	Aufbau und Pflege einer positiven Unternehmenskultur	60
	3.3.4	Lebensqualität als Wert in der Unternehmenskultur	61
		3.3.4.1 Lebenszeit und Gesundheit	61
		3.3.4.2 Verpflegung und Aufenthaltsräume	63
3.4	Erfolgsfaktor Kommunikation		65
	3.4.1	Interne Kommunikation	66
	3.4.2	Konfliktkommunikation	72
	3.4.3	Mitarbeitergespräche	74
		3.4.3.1 Feedback, Lob und Feedforward	74
		3.4.3.2 Jahresgespräche und Zielvereinbarungsgespräche	80
3.5	Erfolgsfaktor Leadership		85
	3.5.1	Lust auf Leadership?	85
	3.5.2	Wie wirksame Führung gelingt	88
	3.5.3	Positive Leadership	93
	3.5.4	Selbstführung als Basis	95
	3.5.5	Resilienz in der Führung	98
3.6	Junge Talente – die Zukunft unserer Branche		102
	3.6.1	Wertschätzende Förderung – ein Ding der Unmöglichkeit?	102
	3.6.2	Generationen – eine Herausforderung?	105
Literatur			107

4 Offboarding 109
4.1 Der letzte Eindruck bleibt 109
4.2 Offboarding konkret – wie kann es gelingen? 112
    4.2.1 Gefühle und Emotionen im Trennungsprozess 112
    4.2.2 Kommunikation und sichtbare Wertschätzung als Erfolgsfaktoren 114
    4.2.3 Der administrative Offboarding-Prozess 117
4.3 Offboarding – ein unterschätzter Erfolgsfaktor im Employer Branding 119

5 Employee Experience Design für Ihr Unternehmen 123
5.1 Gelungene Organisationsentwicklung 123
5.1.1 Schritt für Schritt zum Erfolg 124
5.1.2 Aufgabenklarheit als Basis 127
5.2 Die Rolle von KI und digitalen Tools 128
5.2.1 Künstliche Intelligenz im Employee Experience Design 128
5.2.2 Digitale Tools im Employee Experience Design 129
5.2.3 Herausforderungen und Chancen 131
Literatur 133

6 Fazit 135

Über die Autorin

Nina Beyrl BA MA ist Expertin für Employee Experience Design, Leadership und Servicequalität und begleitet als Beraterin, Trainerin und Coach Unternehmen, Führungskräfte und Teams. Ihr Fokus ist stets, einen hohen Qualitätsanspruch mit Leichtigkeit, Humor und Freude zu vereinen. Aufgrund ihrer eigenen Geschichte, Ausbildung und ihres Berufsweges ist sie mit besonderer Leidenschaft für Tourismusbetriebe tätig.

Ihr profundes Fach- und Praxiswissen erlangte sie in internationalen Ausbildungen und während ihrer beruflichen Laufbahn in Hotellerie, Destinationsmanagement und Industrie. Neben den abgeschlossenen Studien in Tourismus- und Innovationsmanagement sowie Wirtschafts- und Organisationspsychologie in Österreich und den USA blickt sie auf viele Jahre Berufserfahrung im Personalmanagement zurück. Sie war sowohl operativ und strategisch im internationalen Personalmanagement tätig als auch im Consulting und Executive Search, bevor sie sich mit EASE by Nina selbstständig gemacht hat, um frischen Wind in die Branche zu bringen.

Nina Beyrl verfügt über zahlreiche internationale Zusatzausbildungen in den Bereichen Systemisches Coaching, Leadership Coaching, Aufstellungsarbeit, persolog®, Resilienz- und Stressmanagement sowie Yoga und Meditation. Diese Techniken setzt sie sowohl in ihren Coachings als auch in ihrer Consulting- und Trainertätigkeit wann immer stimmig für den gemeinsamen Erfolg ein.

Nina Beyrl arbeitet mit renommierten Unternehmen, wo hoher Qualitätsanspruch auf Herzlichkeit und Leichtigkeit trifft. Passend zu ihrem Credo: EASE. The essence of excellence. Einen Auszug von Referenzen finden Sie auf easebynina.com.

Employer Branding und Recruiting

1.1 Der Kampf um die besten Talente

Employer Branding – aktuell in aller Munde, auf zahlreichen Buch- und Magazin-Covern als Headline zu finden und auf vielen Branchenveranstaltungen als Leitthema angeführt. Die jeweiligen Experten schießen aus dem Boden. Auf LinkedIn und ähnlichen Kanälen liest man täglich Input, wie man denn den vermeintlichen Kampf um die besten Talente gewinnt und im Innen und Außen ein noch attraktiverer Arbeitgeber wird. Die Ziele von Employer Branding sind klar: mehr Erfolg im Recruiting und stärkere (Ver-)Bindung von und zu bestehenden Talenten. Dass Obstkorb und kostenloser Kaffee keine Talente (mehr) in Unternehmen locken, das haben mittlerweile wohl alle Arbeitgeber verstanden. Wie kann es aber gelingen, im Bewerbermarkt zu reüssieren? Ich empfehle einen Basisgedanken bei allen Bemühungen: Please don't fake it until you make it! Versprechen aus dem Employer Branding wollen gehalten werden. Ausnahmslos alle Stationen der Talent Journey haben Auswirkungen auf das gesamtheitliche Employer Branding. Dieses Kapitel widmet sich vorwiegend dem externen Employer Branding.

Über viele Jahrzehnte hinweg folgte Recruiting in zahlreichen Unternehmen einem bewährten Schema: Stellenanzeigen wurden in Printmedien oder auf einigen wenigen Karriereplattformen geschaltet, was in der Regel zu einer Vielzahl qualifizierter Bewerbungen führte. Die Zeiten, in denen sich Bewerber bei Unternehmen mit ordentlichen und umfangreichen Bewerbungsmappen, ausgedruckt auf feinem Papier und schön eingeheftet per Post beworben haben, sind passé. Recruiting ist mittlerweile eher Marketing als Personalmanagement. Heute sind die Unternehmen diejenigen, die Bewerbungsmappen erstellen. Moderne, zum Teil bunte und inhaltlich prall gefüllte Karriere-Webseiten, Social-Media-Kanäle und Broschüren für potenzielle Teammitglieder sind Standard, um im Kampf um die besten Talente gesehen zu werden. Die veränderte Marktsituation erfordert ein multidimensionales Selbstmarketing auf Seiten der Unternehmen. Gelungenes Employer Branding und Recruiting ist ein Zusammenspiel von (so zutreffend) Eigentümer, Personalabteilung, Marketing und allen Führungskräften. In manchen Fällen sogar vom gesamten Team.

> **Ihre persönlichen Reflexionsfragen**
>
> - Wer kümmert sich aktuell in meinem Unternehmen proaktiv um Employer-Branding-Maßnahmen im Innen und Außen?
> - Bin ich aus meiner Sicht ein attraktiver Arbeitgeber? Warum? Warum (noch) nicht? Wie und wodurch ist das spürbar für Bewerber und Mitarbeiter?
> - Was zeichnet mich als Arbeitgeber aus? Welche Gründe liefere ich talentierten Mitarbeitern, sich bei mir zu bewerben?
> - Wie kann ich als Arbeitgeber eine 12 auf einer Skala von 1 bis 10 werden?

1.1.1 Wie gelingt Employer Branding?

Das Gefühl, welches potenzielle Bewerber haben, wenn sie an Ihr Unternehmen denken, definiert Ihre Arbeitgebermarke. Der laufende Markenprozess ist darauf ausgerichtet, das von Ihnen gewünschte Gefühl zu vermitteln und sowohl im Innen als auch im Außen immer wieder zu bestätigen. Gelungenes Employer Branding und Employee Experience Design emotionalisieren entlang aller Stationen, die die (potenziellen) Mitarbeiter in Ihrem Unternehmen durchlaufen, und schaffen eine Brand Experience, die durchgehend stimmig zu Ihren Werten und Ihrer Marke ist. Die Employer Brand Experience umfasst alle Interaktionen und Berührungspunkte, die Menschen mit Ihrer Arbeitgebermarke haben. Das können sowohl Text und Design in Ihren Inseraten sein wie auch die Uniform und der persönliche Auftritt Ihrer Ansprechpartner oder die Architektur und Sauberkeit Ihrer Mitarbeiterbereiche. Employee Experience Design widmet sich exakt diesen Interaktionen und Berührungspunkten. Eine vertrauensvolle und starke Arbeitgebermarke erarbeiten Sie sich, indem Sie Ihre Versprechen in allen Interaktionen und bei allen Berührungspunkten immer kontinuierlich halten.

Ihre Arbeitgebermarke vermittelt eine Markenbotschaft, welche informiert, wofür Ihr Unternehmen steht und was Sie als Arbeitgeber einzigartig und attraktiv macht. Bestenfalls zeigen Sie auch, warum und wofür Sie persönlich tun, was Sie tun. Wie der bekannte Autor Simon Sinek sagt: *„Menschen kaufen nicht, was Sie*

1.1 Der Kampf um die besten Talente

tun, sondern warum Sie es tun." Ein Satz, der für Bewerber mindestens so zutreffend ist wie für Gäste, wenn nicht noch mehr.

Die Kommunikation Ihrer Markenbotschaft bietet erste Orientierung für potenzielle Bewerber und macht bestenfalls auch passiv suchende Kandidaten auf Sie als Arbeitgeber aufmerksam. Je nach Jahr und Statistik schwankend liegt die Zahl der passiv suchenden Kandidaten bei rund 70 %. All diese Menschen wollen sicher sein können, dass Ihr Wertesystem und Ihre Vision zu der eigenen Identität passen. Nachhaltig glaubwürdig ist nur, was auch tatsächlich tagtäglich durch die Unternehmens- und Führungskultur gelebt und somit bestätigt wird. Daraus resultieren auch die günstigsten und wertvollsten Formen des Personalmarketings und Recruitings – die Mundpropaganda durch das bestehende Team, Gäste und Lieferanten sowie die langfristige Mitarbeiterbindung. Beides macht viel Budget und Ressourcen überflüssig. Schon Peter Drucker hat geschrieben: *„Culture eats strategy for breakfast."*

Nicht nur einzelne Unternehmen sind im Employer Branding gefragt, sondern auch die jeweiligen Standorte. Immer mehr Destinationen schaffen Initiativen, welche Unternehmensstandorte auf gesamter Regionsebene fit für die Motive und Bedürfnisse von Arbeitnehmern aus dem Tourismus machen. Vor allem Wohnqualität, kostenlose oder vergünstigte Freizeitangebote und Kinderbetreuung spielen für die Attraktivierung eine wertvolle Rolle.

Ein Best-Practice-Beispiel aus Österreich ist unter anderem WORK FOR US, eine Initiative im Pinzgau. Der Verein WORK FOR US ist ein Zusammenschluss von touristischen Betrieben der Region, die gemeinsam für Wertschätzung, Führungsbewusstsein und echte Gastlichkeit stehen. WORK FOR US bietet betriebsübergreifende, überbetriebliche Trainings in unterschiedlichsten Bereichen, spezielle Programme für Auszubildende und Praktikanten und setzt sich für eine positive Tourismusgesinnung ein. Die Mitgliedsbetriebe profitieren von dem starken Netzwerk und dem offenen Austausch.

Ein weiteres Best-Practice-Beispiel aus Österreich ist die Lehrlingsakademie in Großarl. Sie ist ein gemeinsames Projekt von zehn Hotelbetrieben in Großarl, der Wirtschaftskammer Pongau und dem WIFI Salzburg. Ziel ist es, die Auszubildenden durch zusätzliche außerschulische Bildungsangebote höher zu qualifizieren, untereinander zu vernetzen und individuell zu fördern. Das motiviert und bietet bessere Chancen im weiteren Berufsleben. Die Bandbreite der Kurse reicht von branchenspezifischen Inhalten wie Bier- und Weinseminaren bis hin zu allgemeinen Bildungseinheiten zu den Themen Rhetorik, Zeitmanagement und beispielsweise Persönlichkeitsbildung. Die für die Auszubildenden kostenlosen Kurse können in der Dienstzeit besucht werden. Außerdem zahlen die Mitgliedsbetriebe ein überkollektivvertragliches Gehalt und bieten Boni für diverse besondere Erfolge.

> **Ihre persönlichen Reflexionsfragen**

- Welche Gefühle verbinden (potenzielle) Mitarbeiter mit meinem Unternehmen? Woher weiß ich das?
- Was ist meine Markenbotschaft?
- Was ist mein persönliches Warum oder Wofür?
- Habe ich die Employee Experience bewusst gestaltet? Was kann ich verbessern? Wer kann welche Aufgaben übernehmen?
- Kommen viele neue Mitarbeiter durch positive Mundpropaganda zu mir ins Team?
- Gibt es in meiner Region entsprechende Initiativen? Wo könnte ich beitragen und was könnte ich in diesem Sinne initiieren?

1.1.2 Menschen als Magneten

Recruiting ist nicht (mehr) Sache der Personalabteilung, sondern (Mit-)Verantwortung des gesamten Teams, jedenfalls des Führungsteams. Persönlichkeiten vor den Vorhang! Personal Branding von Führungskräften und anderen Persönlichkeiten im Team birgt großes Potenzial für Ihr Employer Branding. Vor allem jüngere Generationen wählen gezielt ihre zukünftige Führungskraft. Nutzen Sie all Ihre Employer-Branding-Kanäle, vor allem auch Social-Media- und PR-Kanäle, um Ihre Führungskräfte im Sinne ihrer Fachkenntnisse und als Menschen in den Vordergrund zu rücken und nahbar zu machen. Menschen entscheiden sich und arbeiten immer mehr für Menschen, statt für Unternehmen. Stellen Sie also jedenfalls ihr Führungsteam persönlich auf Ihrer Webseite vor und machen Sie das Team nahbar. Dass das sogar mittels Signatur gemacht werden kann, zeigt das Best-Practice-Beispiel in Abb. 1.1. Alexander Fazekas hat dankeswerterweise seine Einwilligung gegeben, seine Signatur hier zu zeigen. Ein sympathisches Beispiel, wie allein durch eine Signatur das Gefühl von Verbindung geschaffen werden kann und dass es sogar bei klassisch eher langweiligen Signaturen „menscheln" darf und soll.

Abb. 1.1 Beispiel für eine sympathische Signatur

Mit freundlichen Grüßen
Alexander Fazekas

Business Development Manager @ CONDA

happy husband & bigger brother
culinary explorer, wine connoisseur & gym warrior

Nutzen Sie auch mögliche High Potentials und, wenn vorhanden, deren Auszeichnungen und spannende Lebens- sowie Karrieregeschichten für Ihr Employer Branding und Storytelling in sämtlichen Kanälen. Storytelling meint in diesem Zusammenhang das Erzählen von Geschichten aus dem Unternehmen auf unterschiedlichen Kanälen und Wegen. Gutes Storytelling macht das Team zu Helden und zeigt authentisch, informativ und gerne auch humorvoll die Kultur, Werte und den Alltag des Unternehmens und der Menschen dahinter. Gutes Storytelling abgestimmt auf Ihre Marke und Kultur ist eine wertvolle Methode, um zu emotionalisieren und um Persönlichkeiten anzuziehen, die menschlich gut in Ihr Team passen. Motivieren und befähigen Sie Ihre Nachwuchstalente zur Teilnahme an entsprechenden Wettbewerben und feiern Sie, öffentlich und unbedingt auch intern, deren Erfolge. Schulen und informieren Sie Ihr (Führungs-)Team zum Thema Employer Branding und zu den von Ihnen gewünschten und möglichen Beiträgen dazu.

Laden Sie Ihre Mitarbeiter ein, als Markenbotschafter in Ihrem Employer Branding proaktiv mitzuwirken. Motivieren Sie Ihr Team, positive Geschichten aus dem Unternehmen in den eigenen Social-Media-Kanälen zu transportieren, vernetzen Sie sich und erzählen auch Sie die (Erfolgs-)Geschichten Ihres Teams. Zeigen Sie die Persönlichkeiten Ihres Unternehmens authentisch im Storytelling nach innen und außen. Menschen kaufen Geschichten und damit verbundene Gefühle, keine Produkte. Ähnlich ist es bei der Wahl des Arbeitgebers. Nehmen Sie potenzielle Kandidaten mit auf eine Reise in Ihr Unternehmen, Ihr Team und Ihre Welt. Lassen Sie sie in Ihre Unternehmenskultur und Ihren Alltag eintauchen. Je früher potenzielle Bewerber emotional in Ihr Unternehmen involviert sind, desto erfolgreicher werden Ihre Recruiting-Maßnahmen wirken.

Die glaubwürdigste Art des Employer Brandings ist jene, die direkt von den jeweiligen Mitarbeitern und Teams für die potenzielle Zielgruppe kreiert wird. Holen Sie sich also unter anderem Ihre Auszubildenden mit ins Employer-Branding-Boot. Vor allem im Bereich Auszubildende und Praktikanten ist es ratsam, dass die Zielgruppe die Ansprache für neue Teammitglieder (mit-)gestaltet. Um es mit den Worten der Jugend zu sagen, nichts ist mehr „cringe" als Marketing für Auszubildende, welches von Menschen Ü35 in Marketingbüros konzipiert wird.

Ihre persönlichen Reflexionsfragen

- Ermutige und schule ich mein Team im Bereich Personal Branding und Storytelling?
- Was kann ich hier noch besser machen? Wer kann mich dabei unterstützen?
- Ist unser Employer Branding für junge Talente zielgruppengerecht? Wer im Haus könnte sich hier noch einbringen?

- Was macht mein Unternehmen aktuell im Bereich Storytelling von und für (potenzielle) Mitarbeiter? Wie können wir hier noch besser werden? Was kann ich beitragen?

1.1.3 Weniger ist mehr und Individualität ist alles

Lange Listen mit zahlreichen und vielfältigen Vorteilen und Vergünstigungen für Mitarbeiter haben in Stellenanzeigen und auf Karriere-Webseiten Einzug gehalten. Unternehmen übertreffen sich zum Teil gegenseitig, von kostenlosem Kaffee bis hin zu Firmenautos zur freien privaten Nutzung ist alles dabei. Ich empfehle, für die Attraktivierung Ihrer Mitarbeitervorteile und Rahmenbedingungen auf Individualisierung zu setzen. Die Bedürfnisse Ihrer Mitarbeiter unterscheiden sich je nach Lebensphase und Persönlichkeit. Gezielt darauf einzugehen, verschafft Ihnen sowohl bei der Mitarbeitersuche als auch bei der Mitarbeiterbindung einen nicht zu unterschätzenden Vorteil. Recherchieren Sie die Schmerzpunkte Ihrer Zielgruppe und sprechen Sie diese bereits in den Stellenausschreibungen gezielt mit Lösungen an. Bringen Sie in Erfahrung, warum Mitarbeiter eventuell Bauchweh haben, wenn sie zur Arbeit gehen, und wie Sie als Arbeitgeber dieses Gefühl und diese Situationen vermeiden können. Schlüpfen Sie in die Rolle des Problemlösers und bieten Sie Ihrem Team Lebensqualität, am Arbeitsplatz und auch rundherum. Grundsätzlich gilt im Personalmarketing wie in allen Marketingbereichen: Sprechen Sie mehr mit Ihrer Zielgruppe anstatt über Ihre Zielgruppe. Prüfen Sie, ob die von Ihnen bereits gebotenen Vorteile auch tatsächlich Ihre Unternehmenswerte unterstützen. Ein Wert wie Gemeinschaft und Miteinander lässt sich zum Beispiel durch das Honorieren von aktivem Engagement in regionalen Vereinen wie der Feuerwehr oder Bergrettung gut unterstreichen.

Die Darstellung von Mitarbeitervorteilen sollte in Ausschreibungen kurz und plakativ erfolgen, Details können in Broschüren oder auf Ihrer Webseite ausgeführt werden. Allgemein ist es sinnvoll zu hinterfragen, welche Informationen für Suchmaschinen wertvoll sind und welche Informationen tatsächlich für potenzielle Kandidat unbedingt relevant sind. Beides ist wichtig, alles dazwischen zu vernachlässigen.

Ihre persönlichen Reflexionsfragen

- Lösen die von mir angebotenen Mitarbeitervorteile tatsächlich Herausforderungen meiner Mitarbeiter? Kenne ich die Wünsche und Bedürfnisse meiner Zielgruppen im Hinblick auf Benefits?

- In welcher Form und auf welchen Kanälen stelle ich unsere Mitarbeitervorteile dar?
- Wie gestalte ich Stellenausschreibungen? Kann ich hier etwas optimieren?
- Passen meine bereits angebotenen Mitarbeitervorteile zu den Unternehmenswerten?

1.2 Kandidatenansprache – zielgerichtet und zeitgemäß

Die Bedürfnisse und Motive Ihrer Zielgruppe nicht zu kennen, macht Erfolg im Bereich Recruiting und Bindung zum Glücksspiel. Definieren Sie fundierte Mitarbeiterpersonas und leiten Sie Ihre Recruiting-Maßnahmen darauf basierend ab. Stellen Sie sich die Frage, ob Sie tatsächlich Positionen besetzen oder aber passende Talente finden und für diese dann Möglichkeiten schaffen möchten. Die Auflistung der ewig gleichen Adjektive wie flexibel, einsatzbereit und teamfähig hat bis dato vermutlich noch niemanden motiviert, sich für eine Stelle zu bewerben. Ein perfektes Match zu finden, wird so Zufall und Glück überlassen.

Die Mitglieder der Generationen Z und nachfolgend wissen ganz genau, was sie wollen und was nicht. Gleiches sollte auch für Sie als Arbeitgeber gelten. Layout und Wording eines Inserats schüren erste Erwartungen. Es gilt, klar zu definieren, welches Alleinstellungsmerkmal man als Arbeitgeber bietet und für welche Zielgruppe(n) das von Interesse ist.

Eine starke sogenannte Employer Value Proposition (kurz EVP) ist ein wertvoller Faktor im Finden und Binden von qualifizierten Mitarbeitern. Die EVP ist eine Aussage, die den Wert und die Vorteile eines Unternehmens als Arbeitgeber für bestehende und potenzielle Mitarbeiter zusammenfasst und das Alleinstellungsmerkmal als Arbeitgeber hervorhebt. Enthaltene Schlüsselelemente sind oftmals die Unternehmensvision, Mitarbeitervorteile und Vergünstigungen, die Arbeitsumgebung und Entwicklungsmöglichkeiten (Hesse & Mattmüller, 2015).

Realität ist allerdings, dass es kaum noch einzigartige Möglichkeiten gibt, ein Alleinstellungsmerkmal zu bieten. Nicht nur die Globalisierung sorgt dafür, dass alles, was kopiert werden kann, rasch kopiert wird. Das einzige Alleinstellungsmerkmal, das den meisten bleibt, abgesehen von einzigartigen geografischen Lagen oder wirklich anerkannten Auszeichnungen, sind folglich die Menschen.

Kommunizierte und tatsächlich gelebte Arbeitgeber-Werte im Innen und Außen und die Menschen hinter den Kulissen ziehen die für Ihr Unternehmen passenden Talente an und stellen den „Cultural Fit" sicher. Der Ausdruck bezieht sich auf die Passung von Bewerbern und Unternehmen beziehungsweise deren Teams im

Hinblick auf Werte, Arbeitsstile, gelebte Kultur und unter anderem auch Verhaltensweisen. Cultural Fit ist eine Ergänzung zur fachlichen Passung von Bewerbern und gewinnt immer mehr an Bedeutung (Scholz, 2014). Bedenken Sie: Im Zweifelsfall ist es leichter, neue Mitarbeitern fachlich zu entwickeln als persönlich. Der Einsatz entsprechender Testverfahren bei der Personalauswahl, wissenschaftlich fundiert, kann Ihr Bauchgefühl wertvoll unterstützen. Die Hoffnung, nicht ganz zum Unternehmen passende Bewerber mit internen Regeln, Standards und Prozessen zu passenden Mitarbeitern machen zu können, hat sich in der Praxis zumeist nicht erfüllt.

Welche Argumente Sie auch für Ihr Unternehmen als Arbeitgeber definieren, senden Sie klare Signale an jene Zielgruppen, die auch tatsächlich zu Ihnen passen. Eine klar segmentierte Zielgruppe lässt zwar vielleicht Quantität einbüßen, erhöht allerdings die Treffsicherheit bei den Persönlichkeiten, die wirklich ins Team passen. Bleiben Sie Ihrer Linie und Ihren Unternehmensspezifika treu und lassen Sie sich nicht durch die vielen Trends verführen. Ein knalliges Inserat, locker mit „Du" als Ansprache formuliert, zieht zwar möglicherweise mehr Bewerber an als gewohnt, macht allerdings wenig Sinn, wenn Ihr Unternehmen eine Sie-Kultur lebt und eher konservativ geführt wird. Das Ziel von gelungenem und stimmigem Employer Branding ist kein quantitativ besserer Rücklauf an Bewerbungen, sondern stimmige und möglichst langfristige Besetzungen. Dieses Ziel erfordert auch vorab Ihre Klarheit als Unternehmer oder Führungskraft darüber, welche Persönlichkeiten, fachliche Fähigkeiten und Lebenssituationen zu Ihnen, dem Team und der jeweiligen Stelle passen und welche nicht. Eine wertvolle Information in Stellenausschreibungen kann das Ziel oder der Zweck der zu besetzenden Stelle sein. So wird dem Wunsch nach Sinn und Beitrag gleich im Inserat erstmalig Rechnung getragen und es bietet sich eine gute Gelegenheit, Werte und gesuchte Persönlichkeitsmerkmale in diesen Sätzen zu verpacken. Eine zufriedenstellende Beantwortung der Sinnfrage ist für die meisten jungen Talente unverhandelbar.

Machen Sie sich bewusst, dass Employer Branding keine Schönfärberei bedeutet, sondern ehrliche und transparente Kommunikation. Vermeiden Sie spätere Enttäuschungen, Unzufriedenheit und Demotivation durch das Aufeinanderprallen unterschiedlicher Erwartungen. Spätestens im Kandidatengespräch dürfen Herausforderungen und Entwicklungsnotwendigkeiten für die jeweilige Rolle oder auch das gesamte Unternehmen ehrlich angesprochen werden.

Ihre persönlichen Reflexionsfragen

- Arbeite ich mit Mitarbeiterpersonas oder eher „auf gut Glück"?
- Welche Werte lebe ich tatsächlich als Arbeitgeber? Wie und wodurch merken das die Bewerber und Mitarbeiter?

1.2 Kandidatenansprache – zielgerichtet und zeitgemäß

- Welchen Sinn vermittle ich Mitarbeitern?
- Was ist meine EVP? Ist diese attraktiv für meine Zielgruppen?
- Achte ich bei der Einstellung neuer Mitarbeiter auf den Cultural Fit?
- Wie transparent und ehrlich ist meine Kommunikation in Richtung Bewerber?

1.2.1 Wo sind sie, die Talente?

Der Markt bietet heutzutage eine große Auswahl an Recruiting-Kanälen. Sie reichen von der eigenen Karriere-Webseite (unbedingt für mobile Endgeräte optimiert) über Jobportale, soziale Medien (mit eigenen Profilen und gezielten Werbeschaltungen), Google for Jobs, Branchennetzwerke, Alumni-Vereine, Kooperationen mit Bildungs- und Qualifizierungseinrichtungen, Fach- und Regionalmedien bis hin zu allgemeinen Recruiting-Webseiten und Headhuntern. Hinzu kommt, dass Active Sourcing, vor allem in sozialen Netzwerken wie Instagram und LinkedIn, immer mehr an Bedeutung gewinnt. Active Sourcing ist die aktive Identifikation und im Anlassfall Ansprache von qualifizierten Mitarbeitern, auch wenn diese möglicherweise aktuell nicht auf Jobsuche sind. Das Ziel ist ein nachhaltiger Beziehungsaufbau und in Folge eine qualifizierte Besetzung oder die Aufnahme in einen Pool von Talenten, die bei späteren Vakanzen wieder angesprochen werden wollen.

Wenn Sie noch kein Instagram-Profil für Ihr Unternehmen mit einem Team-Highlight oder einen eigenen Instagram Account für Ihr Team haben, dann ist jetzt der Zeitpunkt, eines zu erstellen. Social-Media-Kanäle sind ideal, um vor allem den Generationen Z und jünger einen authentischen und lebendigen Einblick in Ihren Unternehmensalltag zu geben. Vor allem bei der Ansprache von jungen Kandidaten ist es erfolgsentscheidend, wie sehr sie sich deren Bedürfnisse ebenso wie deren Daten, die sie im Web hinterlassen, zunutze machen. Recherchieren Sie auch, wo Ihre potenziellen Bewerber abseits der gängigen Recruiting-Kanäle und abseits der sozialen Medien unterwegs sind (tatsächlich auch physisch und im echten Leben) und wie Sie auf überraschenden und neuen Wegen auf sich als Arbeitgeber aufmerksam machen können.

Für die Verankerung Ihrer Arbeitgebermarke in Ihrer Region bietet es sich beispielsweise an, Einheimische ins Unternehmen einzuladen. Organisieren Sie quartalsweise einen Mama-Yoga-Brunch zur Vernetzung von Mamas aus der Region, gestalten Sie einen lehrreichen Tag für heimische Schulen, öffnen Sie Ihr Family Spa oder Ihre Kinderaktivitäten an auslastungsschwächeren Tagen für Familien aus der Gegend, organisieren Sie einen Familienwandertag oder laden Sie

Herrenrunden zu Whisky und Rumverkostungen ein. Alternativ und Aufmerksamkeit garantiert: Laden Sie Herrenrunden zum Yoga und die Mütter zur Whiskyverkostung. Alles Gelegenheiten, Menschen aus der Region in Ihr Unternehmen zu bringen und sich authentisch als Arbeitgeber zu präsentieren. Denken Sie daran, selbstverständlich auch die Familien samt Kindern Ihres bestehenden Teams regelmäßig ins Unternehmensgeschehen zu integrieren. Personalmarketing kann nie zu früh beginnen.

Vor allem im Tourismus bietet die zusätzliche Fokussierung auf und Ansprache von eher vernachlässigten Bewerbergruppen großes Potenzial. Sprechen Sie durch gezielte Kommunikation und entsprechende Rahmenbedingungen Branchennachwuchs, Mütter, Pensionisten und Studierende an. Die oft verteufelten Arbeitszeiten der Branche können bei manchen Zielgruppen ein wichtiger Vorteil sein. Die interne Vernetzung und Integration von unterschiedlichen Zielgruppen und persönlichen sowie generationenbedingten Stärken und Talenten bietet einen unterschätzten Wettbewerbsvorteil, sowohl für Arbeitgeber als auch für Unternehmen per se. So kann es zum Beispiel ein entscheidender Erfolgsfaktor sein, eine passende junge Studentin, wenngleich branchenfremd, in ein Digitalisierungsprojekt einzubinden oder die Kuchen am Nachmittagsbuffet von einer Pensionärin aus der Region herstellen zu lassen. Das weit verbreitete Vorurteil, wonach ältere Menschen wenig belastbar und nicht integrationsfähig sind, ist meiner Erfahrung nach überholt. Wie bei allen Kandidaten empfehlen wir, den Fokus auf die Persönlichkeit zu legen. Mit dieser arbeiten Sie dann in Folge und aus einer Mischung von großartigen Persönlichkeiten können ungeahnte Erfolge entstehen.

Das Wellnesshotel Bayerwaldhof in Bad Kötzting in Deutschland bietet hierfür ein wunderbares Best-Practice-Beispiel. Unter dem Titel Goldies oder Goldstücke werden gezielt und mit eigener Karriere-Webseite Persönlichkeiten ab 50 Jahren angesprochen. Das Hotel erkennt die (Lebens-)Erfahrung, Expertise und Weisheit als Mehrwert für das Unternehmen und jüngere Teammitglieder und möchte sein Team proaktiv mit entsprechenden Kandidaten bereichern. Ein rundum gelungener und wertschätzender Zugang.

Hier ein kurzer Überblick über mögliche Recruiting-Kanäle:

- Printmedien (fachbezogen und regional)
- Jobmessen und Lehrstellenbörsen
- Inhouse Events
- Mitarbeiterempfehlungen
- Active Sourcing
- Leasingfirmen & Personaldienstleister/-berater
- Eigene Karriere-Webseite

1.2 Kandidatenansprache – zielgerichtet und zeitgemäß

- Job-Plattformen (regional, fachbezogen oder allgemein sowie bei Schulen und Universitäten, wo passend)
- Soziale Medien wie Instagram, Facebook, LinkedIn, Xing, YouTube, TikTok
- Flyer-Versand in der Region
- Kooperation mit ausländischen Hotels mit anderen Saisonzeiten
- Inhouse-Material (Gästemappe, Gästeinfo, Infoscreen, Menü)

Bei der fast schon unüberschaubaren Auswahl an Kanälen gilt es darauf zu achten, dass nie alle Kanäle und Möglichkeiten gleichzeitig und wahllos genutzt werden. Installieren Sie einen fundierten Controlling-Prozess, um regelmäßig zu prüfen, welche Kanäle qualifizierte Bewerber für Ihr Team bringen beziehungsweise ob manche Kanäle nur für gewisse Ebenen oder Abteilungen funktionieren. Auch Saisonzeiten können den Erfolg von Recruiting-Kanälen beeinflussen. Passen Sie auf Basis dieser Erfahrungswerte Ihre Suchen individualisiert auf das zu besetzende Profil an. Viel zu oft erlebe ich unstrukturierten Aktivismus, wo sämtliche Stellen auf allen Kanälen beworben werden, um Abteilungsleiter oder sich selbst zu beruhigen, dass „man alles tut, um Kandidaten zu finden". Steuern Sie Ihre Ausschreibung auf Basis tatsächlicher Erfolgswerte und investieren Sie das übriggebliebene Budget in Bindungs- und Begeisterungsmaßnahmen des bestehenden Teams. Bindung ist das bessere Recruiting.

Ihre persönlichen Reflexionsfragen

- Habe ich ein Controlling-System für meine Recruiting-Kanäle implementiert?
- Gibt es noch Potenzial in den Bereichen Active Sourcing, Employer Branding in der Region und Ansprache von Nachwuchstalenten, Müttern und Pensionisten? Welchen Schritt könnte ich heute noch gehen? Wer kann mich unterstützen?
- Weiß ich, wo sich meine Zielgruppen im Sinne von Mitarbeitern online und offline regelmäßig aufhalten? Nutze ich dieses Wissen für mein Recruiting und Employer Branding?

1.2.2 Performance Recruiting – Trend oder Lösung?

Performance Recruiting ist eine moderne Methode der Personalbeschaffung, die sich auf datengesteuerte Prozesse und den Einsatz von Performance-Marketing-Strategien konzentriert. Ziel ist es, qualifizierte Kandidaten – egal ob aktuell offiziell auf Jobsuche oder nicht – gezielt und effizient anzusprechen, indem Anzeigen dort geschaltet werden, wo sich potenzielle Bewerber häufig aufhalten – sei es auf sozialen Medien, Jobbörsen oder anderen digitalen Plattformen. Anders als bei klassischen Stellenanzeigen wird beim Performance Recruiting der Erfolg der Kampagnen kontinuierlich gemessen und optimiert, um die besten Ergebnisse zu erzielen und qualitativ starke Bewerbungen zu generieren. Dies erfordert Zeit, Know-how und Ressourcen. Performance Recruiting setzt eine fundierte Kenntnis von digitalen Marketingstrategien und -tools voraus. Ohne das nötige Know-how kann es schwierig sein, die gewünschten Ergebnisse zu erzielen. Die Methode basiert stark auf Datenanalysen. Ungenaue Daten oder falsche Interpretationen können zu ineffizienten Kampagnen führen.

Für eine professionelle Umsetzung empfehlen sich folgende Schritte:

Zielgruppenanalyse
Der erste Schritt im Performance Recruiting ist die genaue Definition der Zielgruppe. Welche Qualifikationen, Erfahrungen und Eigenschaften soll der ideale Kandidat zum Beispiel mitbringen? Wo hält sich diese Zielgruppe online auf? Wo ist die Zielgruppe geografisch verankert?

Erstellung der Anzeige
Basierend auf der Zielgruppenanalyse werden ansprechende und zielgerichtete Anzeigen erstellt.

Ein Praxisbeispiel bietet hierfür die die Plattform itjobsaustria.at. Raphael Huber und sein Team lassen, neben zahlreichen anderen Recruiting-Angeboten, potenzielle Kandidaten für sie passende, völlig transparente Inserate (14 Kategorien) bewerten. Egal ob die potenziellen Kandidaten aktuell offiziell auf Jobsuche sind oder zufrieden in ihren Aufgaben – das Unternehmen bittet sie als Experten via zum Beispiel Social Media oder Bewerberpool um ihr Expertenfeedback. Mit dem erhaltenen Feedback optimieren sie die Ausschreibungen laufend. Auf das dafür angebotene Entgelt kann auch verzichtet werden, indem man es an eine der aufgezeigten Möglichkeiten spendet. Ein wertvoller Zugang in vielerlei Hinsicht: Wertschätzung für die Experten, auch wenn sie nicht auf Jobsuche sind, Spenden für den guten Zweck und von der Zielgruppe optimierte Ausschreibungen, die besser konvertieren und die richtigen Kandidaten anziehen.

Auswahl der Plattformen
Die Anzeigen werden auf denjenigen digitalen Kanälen geschaltet, auf denen sich die Zielgruppe bevorzugt bewegt. Dazu gehören unter anderem LinkedIn, Facebook, Google Ads, Instagram oder spezialisierte Jobportale.

Kampagnen-Tracking und Optimierung
Nach dem Start der Kampagne wird deren Performance kontinuierlich überwacht. Welche Anzeigen erzielen die meisten Klicks? Wie viele qualifizierte Bewerbungen resultieren daraus? Durch das Testen unterschiedlicher Ansätze und das Optimieren der Kampagnen können die besten Ergebnisse erzielt werden und bestenfalls viele qualifizierte Bewerber gewonnen werden. Durch die kontinuierliche Optimierung der Kampagnen wird das Budget effektiv eingesetzt und Streuverluste werden minimiert. Jeder Schritt im Performance Recruiting ist messbar, was eine genaue Analyse der Effektivität und Rentabilität der Maßnahmen ermöglicht.

Performance Recruiting bietet Unternehmen eine effektive Möglichkeit, den Rekrutierungsprozess zu optimieren und gezielt qualifizierte Bewerber zu erreichen. Es erfordert jedoch eine sorgfältige Planung, ein tiefes Verständnis der Zielgruppe und die Fähigkeit, datengetriebene Entscheidungen zu treffen. Mit der richtigen Strategie können Unternehmer und Führungskräfte die Vorteile dieser Methode nutzen und sich so durchaus einen Vorteil im Kampf um die Aufmerksamkeit der richtigen Menschen verschaffen.

> **Ihre persönlichen Reflexionsfragen**
>
> - Nutze ich Performance Recruiting bereits? Wie kann ich Performance Recruiting implementieren? Wer kann dabei unterstützen?
> - Wie könnten wir unser Performance Recruiting optimieren? Wer kann diese eine Idee gleich diese Woche noch in die Umsetzung bringen?
> - Lasse ich meine Ausschreibungen und Inserate von der Zielgruppe bewerten und adaptiere entsprechend dem Feedback?

1.3 Recruiting

1.3.1 Die Candidate Journey

Seit jeher gestalten wir im Tourismus die Erlebnisreise unserer Gäste mit viel Bedacht und Budget. Vom Gästemarketing bis hin zur Buchung, Anreise, dem Aufenthalt, der Abreise und darüber hinaus werden alle Berührungspunkte durchgeplant, vereinfacht, inszeniert und laufend optimiert. Gleiches dürfen wir auch für unsere potenziellen neuen Teammitglieder machen und deren Erlebnisreise während des Recruiting-Prozesses zeitgemäß, angepasst an die unterschiedlichen Zielgruppen und stimmig zu unserer Marke gestalten. Denken Sie an Richard Branson, der sinngemäß empfahl: „Kümmern Sie sich um Ihre Mitarbeiter, und diese kümmern sich um Ihre Gäste." Branson beschreibt das Gesetz der kongruenten Erfahrung. Die durch Ihre Mitarbeiter gebotene Customer Experience für Ihre Gäste wird stimmig zu jener Erfahrung sein, die Ihre Mitarbeiter selbst in Ihrem Unternehmen machen.

Die Candidate Journey, zu Deutsch „Reise der Kandidaten" oder „Bewerberreise", beschreibt den gesamten Prozess, den Bewerber durchlaufen, wenn sie mit dem Unternehmen als Arbeitgeber in Kontakt kommen, sich bewerben und entsprechend mit dem potenziellen Arbeitgeber interagieren. Diese Reise endet klassisch mit einer Absage oder mit dem Onboarding-Prozess. Die „Candidate Experience" beschreibt die Erfahrungen, welche die Bewerber während dieses Prozesses machen.

Beweisen Sie Wertschätzung und Professionalität und bieten Sie einen geregelten und vorhersehbaren Ablauf von Bewerbung bis Zusage oder Absage. Die Gestaltung und Durchführung dieser Prozesse ist keinesfalls alleinige Sache des Eigentümers oder der Personalabteilung, sondern ein Miteinander von Eigentümer, Direktion, Personalabteilung und allen Führungskräften. Nehmen Sie die Candidate Experience Ihrer Bewerber bewusst in die Hand.

Schritt 1: Bewerbung und Rückmeldung
Bieten Sie Ihre Bewerbungsprozesse jedenfalls (auch) digital und mobil optimiert an. Heutige Bewerber verfügen mehrheitlich über höchste digitale Kompetenzen und entsprechende Erwartungen. Sie sind es gewohnt, mit digitalen Informationen und Tools zu (inter-)agieren und schnell sowie unkompliziert zu kommunizieren. Ausschreibungen und die dazugehörigen Informationen sind wie bereits empfohlen bestenfalls informativ, präzise und klar.

Wie man Bewerbungsformulare optisch und inhaltlich zeitgemäß und effektiv gestaltet, zeigt zum Beispiel die CSA-Skischule aus Obertauern. Auf ihrer eigenen Team-Webseite snowhero.at kann man sich in einer Minute mittels der Beantwortung von fünf Fragen direkt auf der Seite bewerben.

Sobald ein potenzieller Kandidat mit Ihrer Arbeitgebermarke in Kontakt ist, ist es ratsam, dass offene Stellen oder Möglichkeiten der Zusammenarbeit rasch zu finden sind und eine Bewerbung mit so wenigen Klicks und Schritten wie möglich durchgeführt werden kann. Das gilt sowohl am PC als auch am Handy oder Tablet. Für die Generationen Z und nachfolgend ist die sogenannte „One-Klick-Bewerbung" Standard. Diese Art der Bewerbung ermöglicht es den Bewerbern, mit nur einem Klick zu einem optimierten Online-Bewerbungsformular zu gelangen oder die eigenen Daten direkt aus zum Beispiel LinkedIn zu importieren und abzusenden. Ein Trend geht auch dahin, dass Bewerber keine Bewerbungsmappen per Post oder E-Mail versenden, sondern sich durch ein Video bei ihrem zukünftigen Arbeitgeber bewerben.

Vor allem für junge Zielgruppen bekommt das Thema Gamification immer mehr Relevanz. Gamification meint die Anwendung von spieltypischen Elementen, hier im Zuge des Bewerbungsprozesses. Solche Elemente können unter anderem Computerspiele, Online-Aufgaben, ein Quiz oder Simulationsspiele sein. Gamification-Elemente erregen Aufmerksamkeit, sind oftmals Anlass für Mundpropaganda und lassen auf einen innovativen Arbeitgeber schließen.

Ein Best-Practice-Beispiel hierfür bietet die Krafft Gruppe mit Sitz in Basel. Auf der Webseite finden Interessenten und potenzielle Bewerber den Zugang zu einem interaktiven Quiz. Das Ergebnis ist mit einem Vorschlag verbunden, zu welchem Betrieb der Gruppe man am besten passen würde. Eine humorvoll gestaltete und kurzweilige Idee, die stimmig zum allgemeinen Brand Feeling umgesetzt wurde.

Lange Bewerbungsformulare, die mühsam ausgefüllt werden müssen, und umfangreiche Fragenkataloge gelten als abschreckend. Verzichten Sie auf viele Pflichtfelder, um den Prozess rasch und einfach zu gestalten. Heutzutage empfehlen sich Bewerbungsformulare, die via LinkedIn-Profil automatisch ausgefüllt werden können, bis hin zu Bewerbungsmöglichkeiten via WhatsApp oder Instagram. Auch lange Anschreiben sind „out", relevante Informationen wie Kündigungsfristen oder relevante Informationen zum Wohnsitz und der Bereitschaft, diesen gegebenenfalls zu wechseln, werden formlos als Text mitgeschickt. Informieren Sie auf Ihren möglichen Bewerbungskanälen jedenfalls über die konkrete Ansprechperson für die Bewerbung mit Namen und Foto, umgekehrt erwarten wir uns im DACH-Raum ebenso ein Bild der Bewerber.

So flott, wie die Bewerbung abgeschickt werden kann, sollte auch an alle Bewerber eine Rückmeldung erfolgen. Eine Eingangsbestätigung, einzigartig auf Ihr Unternehmen zugeschnitten, sollte zeitnah auf eine Bewerbung folgen. Sie macht im Idealfall noch größere Lust auf eine Mitarbeit in Ihrem Team und ist stimmig zu Ihrer Marke und Ihren Werten formuliert und optisch dargestellt. Um dem Bewerber Sicherheit zu geben, ist es nützlich, den folgenden Bewerbungsablauf und den damit verbundenen Zeitrahmen kurz und informativ zu skizzieren, wenn Sie darüber nicht ohnehin auf Ihrer Karriere-Webseite informieren. Beachten Sie in Kommunikation und weiterem Ablauf jedenfalls die Bedürfnisse und Rhetorik Ihrer Zielgruppe – für Auszubildende ist mit Sicherheit ein anderer Text und Ablauf ratsam als für zukünftige Führungskräfte in Ihrem Team.

Schritt 2: Kennenlernen und Austausch

> **Lukas, Restaurantleiter: Bewerbung I**

Stefanie, die Hotelmanagerin, hat die Position des Restaurantleiters in ihrem renommierten Hotel zu besetzen. Es handelt sich um eine Pensionsnachfolge. Aufgrund des guten Rufs des Hotels und des attraktiven Employer Brandings hat sich Lukas gestern auf die Stelle beworben. Er hat umgehend eine individuelle, freundliche Eingangsbestätigung erhalten und eine Einladung zu einem Gespräch mit zwei möglichen Terminen zur Auswahl.

Als Lukas ankommt, weiß die Rezeption über sein Eintreffen und seinen Termin Bescheid. Ihm werden ein Sitzplatz sowie ein Getränk angeboten und Stefanie wird informiert. Das Kennenlernen beginnt mit einer herzlichen Begrüßung in der Hotellobby und einem Überblick über die Struktur des Termins. Stefanie hat im Vorfeld recherchiert und ist gut über Lukas' beruflichen Hintergrund informiert. Sie nimmt sich Zeit, um Lukas das Hotel und die Personalbereiche zu zeigen und ihm einen Einblick in die Unternehmenswerte und -kultur zu geben. Das Gespräch findet ungestört in einem freundlichen und offenen Raum statt, in dem beide Seiten ihre Erwartungen und Vorstellungen teilen können.

Stefanie konzentriert sich darauf, nicht nur Lukas' berufliche Qualifikationen zu besprechen, sondern auch seine persönlichen Interessen und Werte zu erfahren. Das Gespräch wird zu einem offenen Austausch, bei dem beide Seiten Fragen stellen und beantworten. Stefanie sorgt dafür, dass Lukas einen klaren Einblick in die Karrieremöglichkeiten im Hotel erhält, und ermutigt ihn, seine eigenen Ziele zu teilen. Anschließend stellt Stefanie noch Herbert vor, den Herrn, dem Lukas nachfolgen würde. Sie gibt den beiden Raum und Zeit für Kennenlernen und Austausch. Zum Abschluss erklärt Stefanie den weiteren Auswahlprozess und holt sich Lukas' Zustimmung zu der vorgestellten weiteren Vorgehensweise ein. Sie betont, wie wichtig ihr ein stets transparenter und respektvoller Umgang im Auswahlverfahren ist.

Da Lukas eine weite Anreise hatte, lädt Stefanie ihn noch auf ein Essen im Haus ein, zeigt ihm eine Sitzgelegenheit im Restaurant und informiert den zuständigen Mitarbeiter. Bei der Verabschiedung bedankt sie sich für seine Zeit und sein Interesse am Haus. Bereits während des Essens teilt Lukas seine Erfahrung online und telefonisch mit Freunden. Er hat Bekannte in der Gegend, denen er außerdem das Restaurant im Hotel empfiehlt. Herbert fühlt sich wertgeschätzt, indem er in das Kennenlernen potenzieller Nachfolger involviert wird. ◄

1.3 Recruiting

Lukas, Restaurantleiter: Bewerbung II

Stefanie, die Hotelmanagerin, hat die Position des Restaurantleiters in ihrem Hotel zu besetzen. Es handelt sich um eine Pensionsnachfolge. Aufgrund des attraktiven und modernen Employer Brandings hat sich Lukas auf die Stelle beworben. Zehn Tage später hat er eine E-Mail mit einer Einladung zu einem Gespräch erhalten, wo Wochentag und Datum allerdings nicht zusammenpassen. Er ruft im Hotel an, um den Termin zu klären. Stefanie ist nicht erreichbar, eine Mitarbeiterin richtet einen Rückruf aus. Stefanie meldet sich am Abend telefonisch bei Lukas und wirkt gestresst. Sie weiß nicht genau, wer er eigentlich ist und um welches Anliegen es sich handelt, da sie unter Zeitdruck die Rückrufliste abarbeitet. Die beiden vereinbaren einen Gesprächstermin. Lukas hat kein gutes Bauchgefühl.

Lukas erscheint pünktlich zu seinem Termin und meldet sein Ankommen an der Rezeption. Man verspricht, Stefanie zu suchen. Eine Viertelstunde später heißt Stefanie Lukas in der Lobby willkommen und lädt ihn ein, direkt dort mit ihr Platz zu nehmen. Sie bittet Lukas, seinen Werdegang zu erzählen, da sie den Lebenslauf nicht im Kopf hat und keine Unterlagen mithat. Das Gespräch wird mehrmals durch Mitarbeiter und Gäste unterbrochen. Die Atmosphäre ist eher stressig und distanziert. Stefanie stellt keine weiteren Fragen und erzählt in Kürze, welche Aufgaben und Herausforderungen mit der Position verbunden sind. Stefanie listet mündlich alle Benefits auf, die das Hotel bietet. Sie fragt nach, wann Lukas starten könnte. Sie nimmt die Information zur Kenntnis und sagt, dass sie sich bei Lukas melden wird. Sie geht an die Rezeption und übergibt Lukas ein dickes Hotelprospekt. Dann verabschiedet sie sich und eilt zum nächsten Termin, der bereits am Nebentisch wartet.

Lukas reist mit einem unsicheren Gefühl ab und zweifelt daran, dass dieses Hotel ein passender Arbeitgeber für ihn ist. Auf dem Heimweg teilt er seine Erfahrung telefonisch mit seinem besten Freund, der ihm rät, sich anderweitig umzusehen. ◄

Die beiden Szenarien veranschaulichen den erheblichen Einfluss, den dieser Schritt auf das Arbeitgeberimage haben kann. Ein wertschätzender und strukturierter Verlauf stärkt Ihre Arbeitgebermarke, während ein gegenteiliger Ablauf das Potenzial hat, talentierte Bewerber abzuschrecken und Ihrem Image nachhaltig zu schaden.

Beachten Sie bei der Terminvereinbarung bestenfalls die individuelle Lebenssituation und damit möglicherweise verbundene zeitliche Einschränkungen sowie die geografische Entfernung Ihrer Bewerber. Ziehen Sie gegebenenfalls auch Interview-Optionen wie Video- oder Telefoninterviews in Betracht.

Eine gute Möglichkeit, Transparenz zu signalisieren, bietet eine Austauschfunktion mit potenziellen Kollegen auf Augenhöhe. Laden Sie Bewerber ein, unkompliziert direkt an das Team vorab Fragen zu stellen. Wählen Sie zum Beispiel für Ausbildungsbewerbungen einen Auszubildendensprecher als Ansprechpartner, für einen Küchenmitarbeiter einen Sprecher aus dem Küchenteam.

Nicht nur, aber vor allem bei Führungspositionen raten wir dazu, Bewerber im Zuge einer zweiten Kennenlernrunde zu einem Essen oder einer Übernachtung in Ihr Unternehmen einzuladen. So kann sich der Bewerber ein ehrliches, eigenes Bild von Ihrem Produkt machen. Laden Sie im Anschluss zu einer Feedbackrunde. Auch wenn es zu einer Absage kommt, hatten Sie jedenfalls einen kleinen, kostenlosen Mystery Check von einem Branchenkenner im Haus.

Formulieren Sie auch Absagen respektvoll, stimmig zu Ihren Werten und möglichst wertschätzend und individuell. Legen Sie sich unbedingt einen Talentepool mit Evidenzen an, auf den Sie bei passender Gelegenheit zurückgreifen können.

Schritt 3: Angebot, Entscheidung oder Absage
Nach Schritt zwei folgt entweder eine Absage von Ihnen oder vom Bewerber, oder es kommt zu einer Zusage. Ich empfehle, Angebote zur Zusammenarbeit ausnahmslos in schriftlicher Form an Bewerber zu übermitteln.

Im Anschluss an eine Zusage startet das Onboarding beziehungsweise die sogenannte Pre-Boarding-Phase. Die Zeit vor dem Onboarding vor Ort wird genutzt, um die Beziehung und (Ver-)Bindung mit dem neuen Teammitglied aufzubauen und erste Informationen zu übermitteln. Unterstützen Sie mit Ihren Aktivitäten in dieser Zeit das Gefühl des Bewerbers, die richtige Entscheidung getroffen zu haben. Mehr dazu lesen Sie in Kap. 2 zum Thema Onboarding.

Denken Sie daran, alle Prozesse der Candidate Journey laufend zu überwachen und in Übereinstimmung mit den Erfahrungen und Bewertungen anzupassen. Ich empfehle, ein Bewerber-Feedback-System zu implementieren, unabhängig von Zu- oder Absage, um kontinuierlich an Verbesserungen arbeiten zu können. Um die Attraktivität Ihrer Candidate Journey laufend zu optimieren, verfolgen Sie, an welchen Stellen potenzielle Kandidaten den Bewerbungsprozess auf eigenen Wunsch hin verlassen (auch als „Candidate Journey Drop-out-Rate" bezeichnet). Eine hohe Abbruchquote kann zum Beispiel auf Benutzerunfreundlichkeit der Bewerbungsplattform oder suboptimale Gesprächsführung hinweisen. Tracken Sie auch die

Zusage-Rate (auch „Offer-Acceptance-Rate" genannt), das heißt, wie viele Bewerber, denen Sie ein Angebot machen, dieses auch annehmen. Beachten Sie jedenfalls mögliche auffällige Zusammenhänge zwischen Bewertung und Zu-/Absage.

Abschließend möchte ich noch daran erinnern, ein besonderes Augenmerk auf die aktuell geltenden Datenschutzbestimmungen zu legen und Achtsamkeit im (internen) Umgang mit persönlichen Bewerber Daten walten zu lassen.

Ihre persönlichen Reflexionsfragen

- Gestalte ich die Candidate Journey bewusst und einheitlich oder eher situativ und abhängig von der jeweiligen Abteilung und Position?
- Wenn ich mich in unsere Bewerber hineinversetze, wie ist die Candidate Journey gestaltet? Was kann ich optimieren? Wer kann mich dabei unterstützen?
- Welches Feedback bekomme ich von Kandidaten und in Folge vielleicht Mitarbeitern? Was kann ich daraus lernen?
- Wie einfach kann man sich bei mir bewerben?
- Weisen meine Recruiting-Kanäle Ansprechpartner mit Namen und Foto aus?

1.3.2 Gesprächsführung

Gestalten Sie Kennenlerngespräche wertschätzend und machen Sie sich vorab mit den Bewerbungsunterlagen und dem Lebenslauf vertraut. Nehmen Sie sich Zeit für das Gespräch, schaffen Sie einen ruhigen und ungestörten Rahmen und bieten Sie ein Getränk an.

Als Gesprächseinstieg empfiehlt sich, abgesehen von einem Dankeschön für die Zeit der Bewerber, ein kurzer Überblick über den geplanten Verlauf und Zeithorizont des Kennenlernens. Gewähren Sie dem Bewerber die Möglichkeit, Ihr Unternehmen und das Team erstmalig kennenzulernen. Auch Ihr Unternehmen bewirbt sich bei den Kandidaten.

Zeigen Sie ehrliches Interesse an den Menschen, die sich bei Ihnen bewerben, und fokussieren Sie sich auf erfahrungsbasierte und wertorientierte Fragen. Geben Sie den Bewerbern Raum für persönliche Erzählungen und Ausführungen und hören Sie aktiv zu. Beenden Sie das Gespräch mit einer konkreten Vereinbarung, bis wann sich wer bei wem mit welchen Informationen meldet.

Inspiration für mögliche Fragen
Bei der Auswahl von Bewerbern ist es hilfreich, Fragen zu stellen, die Einblick in deren tatsächliches Verhalten in unterschiedlichsten Situationen geben. Hier sind einige situative und verhaltensbezogene Fragen, welche Ihnen helfen können, einen guten ersten Einblick in die Persönlichkeit und Professionalität Ihrer Bewerber zu erhalten:

- Beschreiben Sie eine Situation, in der Sie mit einem unzufriedenen Gast konfrontiert waren. Wie sind Sie damit umgegangen?
- Können Sie ein Beispiel für eine herausfordernde berufliche Situation nennen, bei der Sie unter Druck standen? Wie sind Sie damit umgegangen?
- Wie gehen Sie mit Kritik von Kollegen um? Können Sie eine konkrete Situation beschreiben, in der Sie erfolgreich mit einer solchen Situation umgegangen sind?
- In unserer Branche kann es hektisch werden. Wie organisieren Sie sich und priorisieren Aufgaben, um sicherzustellen, dass die Operative reibungslos läuft?
- Stellen Sie sich vor, Sie haben einen Kollegen, der seine Arbeit vernachlässigt und den Service beeinträchtigt. Wie würden Sie in dieser Situation vorgehen?
- Wie gehen Sie mit Stress und hohem Arbeitsaufkommen um? Können Sie Beispiele aus Ihrer bisherigen Erfahrung geben, die zeigen, wie Sie in stressigen Situationen agieren?
- Tourismus erfordert viel Teamarbeit. Können Sie eine Situation beschreiben, in der Sie erfolgreich in einem Team zusammengearbeitet haben, um ein gemeinsames Ziel zu erreichen?
- Wie gehen Sie mit Situationen um, in denen sich Ihre Arbeitszeiten kurzfristig ändern oder Sie Überstunden leisten müssen, um den Betrieb aufrechtzuerhalten?
- Welche Maßnahmen ergreifen Sie, um sicherzustellen, dass Sie immer auf dem neuesten Stand der Service-Standards und allgemeinen Trends und Vorschriften in der Branche sind?
- Erzählen Sie von einem Moment, in dem Sie eine unerwartete Herausforderung bewältigen mussten, um die Zufriedenheit eines Gastes sicherzustellen.

Diese Vorschläge geben eine erste Inspiration, um Fragen zu stellen, die auf tatsächliche Leistungen, Erfahrungen und Erlebnisse der Bewerber abzielen. Denken Sie auch daran, Führungskräfte nach speziellen Situationen aus dem Führungsalltag zu befragen. Um das tatsächliche Verhalten von Bewerbern noch besser einschätzen zu können, kann es auch hilfreich sein, Probearbeitstage anzubieten. Meine persönliche Meinung ist allerdings, dass die klassische Probezeit wesentlich aufschlussreicher ist, wenn man sie gut nutzt.

Ihre persönlichen Reflexionsfragen

Spiegeln meine Gespräche ehrliches Interesse am Menschen wider?
Bin ich gut im Sinne wertschätzender Gesprächsführung geschult?
Verfüge ich über ein fundiertes Repertoire an zielführenden Fragen und Wissen rund um Fragetechniken?
Was kann ich heute noch tun/lesen, um die Gespräche künftig noch wertschätzender und tiefer gehend zu gestalten?
Nutze ich die Probezeit von Mitarbeitern für deren vollen Einsatz oder auch für deren fundierte Beobachtung, Einschätzung und Förderung?

Weiterführende Literatur
- Braehmer, B. (2019). Praxiswissen Talent Sourcing: Effiziente Kombination von Active Sourcing, Recruiting und Talent Management. Haufe, Freiburg.
- Buckmann, J. (2017). Einstellungssache: Personalgewinnung mit Frechmut und Können. Frische Ideen für Personalmarketing und Employer Branding. Springer Fachmedien, Wiesbaden.
- Mosley, R. (2014). Employer Brand Management: Practical Lessons from the World's Leading Employers. Wiley & Sons, New Jersey.

Literatur

Hesse, J. & Mattmüller, R. (2015). *Employer Branding: Grundlagen, Strategien und Instrumente für ein erfolgreiches Arbeitgebermarketing.* Wiesbaden: Springer Gabler.
Scholz, C. (2014). *Personalmanagement: Informationsorientierte und verhaltenstheoretische Grundlagen.* München: Vahlen.

Onboarding 2

2.1 Gestaltung des Einarbeitungsprozesses – (k)eine Sache des Bauchgefühls

Vielerorts wird die Meinung vertreten, dass gerade für Mitarbeiter im Tourismus – einer Branche, die durch viel Personalwechsel geprägt ist – der Antritt einer neuen Arbeitsstelle keine sonderlich aufregende oder besondere Situation darstellt. In der Praxis erweist sich diese Annahme jedoch immer wieder als Irrglaube. Einige Unternehmer und auch langjährige Führungskräfte haben selten oder gar noch nie die Erfahrung gemacht, wie es ist, eine neue Stelle anzutreten. Das Gespür für diese Stresssituation ist daher oft nicht allzu ausgeprägt, vieles wird aufgrund der langjährigen Erfahrung und Zugehörigkeit auch als selbstverständlich empfunden und die Komplexität der Situation unterschätzt. Umso wichtiger ist es, den Fokus darauf zu richten, ein positives Gefühl des Ankommens und Aufgehobenseins zu vermitteln und einen Realitätsschock zu vermeiden. Ihr gesamter Onboarding-Prozess soll dem neuen Teammitglied ein personalisiertes Erlebnis bieten, das auf Ihren Werten basiert und auf die jeweilige Mitarbeiterpersona und ihre Erwartungen, Ängste und Bedürfnisse zugeschnitten ist.

Onboarding bezeichnet den professionell organisierten und standardisierten Prozess ab der Zusage bis zur gelungenen Integration des neuen Mitarbeiters, sowohl fachlich als auch sozial. Somit kann festgehalten werden, dass Onboarding bereits vor dem ersten Arbeitstag beginnt. Nur Unternehmen, die es schaffen, ab der Zusage das Gefühl zu vermitteln, angekommen zu sein und die richtige Entscheidung getroffen zu haben, haben auch tatsächlich ein neues Teammitglied gewonnen.

Ein unstrukturierter Onboarding-Prozess, der sich nicht mit den im Personalmarketing und Recruiting kommunizierten Werten und Versprechen deckt, führt entweder zu einem Austritt in der Probezeit oder einem unguten Bauchgefühl und entsprechenden Folgen in Leistung und Integration bei Ihrem neuen Mitarbeiter. Dieses Bauchgefühl zu Beginn, wenn es auch nicht gleich in einen Austritt mündet, führt in vielen Fällen dazu, dass sich Ihr neues Teammitglied nicht voll auf Ihr Unternehmen und das Team einlässt, innerlich bereits wieder gekündigt hat und auch entsprechende Arbeitsleistung und (Il-)Loyalität erkennen lässt. Daraus kann ein unnötiger Teufelskreis aus Unzufriedenheit bei allen Beteiligten, fehlender Produktivität, mangelnder Dienstleistung und zusätzlichen Kosten entstehen.

Ein rechtzeitig gestarteter, strukturierter und wertebasierter Onboarding-Prozess ist entscheidend für die künftige Zusammenarbeit, Bindung und Leistung Ihres neuen Teammitglieds, unabhängig von Hierarchieebene und Alter. Auch im Hinblick auf die mit einer Neubesetzung beziehungsweise mit Fluktuation verbundenen Kosten macht sich ein professioneller Onboarding-Prozess bezahlt.

Ziel ist es, den Einstieg eines neuen Teammitglieds sowohl für den neuen Mitarbeiter selbst als auch für die aufnehmende Abteilung attraktiv zu machen. Bedenken Sie immer auch die zusätzliche Belastung, emotional und im Sinne von Ressourcen, für das bereits bestehende Team. Außerdem ist professionelles Onboarding darauf ausgerichtet, dass der neue Mitarbeiter so rasch wie möglich ein adäquater Ansprechpartner für Gäste und Kollegen sowie ein kompetentes und einsatzfähiges Teammitglied in der Operative ist. Der Onboarding-Prozess ist folglich wesentlich umfassender als das rein administrative Abwickeln der Anmeldeformalitäten inklusive Ausgabe von Arbeitsmitteln und eventuell Übergabe einer Unterkunft.

Unternehmerisches Ziel muss außerdem sein, das Onboarding so gut zu gestalten, dass die Zeit bis zur ganzheitlichen Erfüllung der Position (auch time-to-productivity genannt) so lang wie notwendig und so kurz wie möglich gehalten wird.

Jedem neuen Dienstverhältnis liegt nicht nur ein formaler Dienstvertrag zugrunde, sondern auch ein „psychologischer Vertrag", der die informellen und oftmals auch unausgesprochenen Erwartungen und Versprechen beider Seiten enthält. Transparenz und Kommunikation auf allen Seiten sind folglich bedeutsame Faktoren für gelungenes Onboarding.

Beziehen Sie ab der Planung des Onboarding-Prozesses auch das Konzept dieser psychologischen Verträge mit ein. Diese beeinflussen maßgeblich, wie Mitarbeiter ihre Erfahrungen wahrnehmen und wie sie sich gegenüber ihrem Arbeitgeber verhalten. Hier die drei Verträge in aller Kürze zusammenfassend erklärt:

2.1 Gestaltung des Einarbeitungsprozesses – (k)eine Sache des Bauchgefühls

- **Transaktionaler Vertrag:** Dieser Vertrag bezieht sich auf die klar definierten, meist kurzfristigen Erwartungen zwischen Arbeitgeber und Arbeitnehmer. Er umfasst materielle Aspekte wie Gehalt, Arbeitszeiten, Arbeitsplatzsicherheit und Zusatzleistungen. Wird der transaktionale Vertrag gebrochen, kann dies zu sofortigen Reaktionen wie Kündigung oder Leistungsabfall führen.
- **Relationaler Vertrag:** Der relationale Vertrag geht über die materiellen Aspekte hinaus und umfasst langfristige, emotionale Bindungen. Hier spielen Vertrauen, Loyalität, Anerkennung und berufliche Entwicklung eine große Rolle. Mitarbeiter erwarten Unterstützung, Respekt und eine wertschätzende Arbeitsumgebung. Ein Bruch dieses Vertrags kann zu emotionalem Stress und einer Abnahme des Engagements führen.
- **Ideologischer Vertrag:** Dieser Vertrag basiert auf geteilten Werten, Zielen und einer gemeinsamen Vision. Er ist besonders stark, wenn Mitarbeiter sich mit der Mission und den Werten des Unternehmens identifizieren und ihre Arbeit als sinnstiftend empfinden. Brüche im ideologischen Vertrag, etwa durch ethische Verfehlungen des Unternehmens, können zu einer starken Entfremdung und sogar zum freiwilligen Ausscheiden von Mitarbeitern führen.

Zusammenfassend beeinflussen diese drei psychologischen Verträge die Employee Experience erheblich, im Onboarding und darüber hinaus, indem sie die Grundlage für Engagement, Motivation und Zufriedenheit der Mitarbeiter bilden. Unternehmen, die diese Verträge verstehen und Erfahrungen entsprechend anpassen, können damit einen großartigen Wettbewerbsfaktor erzielen (Rousseau, 1995).

Den Erfolg Ihrer Onboarding-Prozesse können Sie unter anderem mit zwei Parametern messen: einerseits mittels der Anzahl der Austritte von Mitarbeitern in den ersten drei Monaten (oder manchmal sogar nach Vertragsunterzeichnung und vor tatsächlichem Arbeitsantritt) und andererseits mittels der Zeit, die ein neuer Mitarbeiter braucht, um selbstständig produktiv arbeiten zu können (vergleiche oben time-to-productivity).

Ihre persönlichen Reflexionsfragen

- Ist mir die besondere Situation eines Antrittes einer neuen Arbeitsstelle aus persönlicher Erfahrung bekannt und bewusst?
- Habe ich in meinem Unternehmen einen standardisierten Onboarding-Prozess, stimmig zu unseren Werten und Versprechen implementiert, der die drei psychologischen Verträge berücksichtigt? Wie kann ich hier noch besser werden?

- Wie viele Austritte in den ersten drei Monaten nach Arbeitsantritt gibt es in meinem Unternehmen? Was kann ich daraus lernen? Wie vermeide ich diese in Zukunft?
- Wie kann ich dem neuen Mitarbeiter in der Zeit zwischen Vertragsunterzeichnung und Arbeitsantritt ein gutes Gefühl vermitteln und ihn bereits an mein Unternehmen binden?

Klassische Stolpersteine vermeiden
Onboarding beginnt vor dem ersten Arbeitstag – das wissen wir nun. In der Realität ist es jedoch oftmals so, dass, sobald der Recruiting-Prozess abgeschlossen ist, nicht mehr allzu viel Energie in weitere Schritte investiert wird. Man ist froh, ein passendes Teammitglied gefunden zu haben, und sieht den Onboarding-Prozess mit einer netten Begrüßung, vielleicht dem Zuteilen einer Unterkunft und einer fachlichen Einschulung in der Abteilung – neben der oft stressigen Operative – als erledigt. Abgesehen davon, dass dem Onboarding-Prozess vielleicht noch zu wenig Aufmerksamkeit im Allgemeinen geschenkt wird, gibt es zahlreiche Gründe, warum Onboarding in vielen Fällen als gescheitert statt als gelungen verbucht werden muss. Hier die klassischen Stolpersteine, vielleicht kommt Ihnen der ein oder andere bekannt vor.

- **Prozessklarheit und Ressourcen**
  Um einen nachhaltigen und wertigen Onboarding-Prozess sicherzustellen, bedarf es einer klaren Aufgabenverteilung – angefangen bei der Willkommens-E-Mail nach Zusage über die Einarbeitung vor Ort bis hin zu Feedbackgesprächen. Die Aufgaben, welche durch ein professionelles Onboarding entstehen, sind mit Zeitaufwand verbunden, der kalkuliert werden und dann auch entsprechend zur Verfügung gestellt werden muss. Präsenz und Aufmerksamkeit sind jene Wertschätzung, die jedes neue Teammitglied braucht, um sich sicher zu fühlen, gut anzukommen und – auch im Sinne der Produktivität – rasch zurechtzufinden. Hin und her geschickt zu werden und zu Beginn in der Operative nur „mitzulaufen", sind klassische Motivationskiller, die das Bauchgefühl eher in Richtung „Flucht" schwenken lassen und zu erster Frustration und entsprechend sinkender Motivation führen (mehr dazu unter dem Punkt Überforderung/Unterforderung).
- **Marketing versus Realität**
  Im Personalmarketing wie auch im klassischen Marketing präsentieren sich Unternehmen und Menschen von ihrer besten Seite. Es gilt zu bedenken, dass die Beziehungen zu Ihren Mitarbeitern nachhaltig und langfristig ausgerichtet werden sollen. Versprechen, die Sie nicht halten (können), und unerfüllte

Erwartungen sind klassische Stolpersteine, die es zu vermeiden gilt (siehe auch das Konzept der psychologischen Verträge weiter oben). Das Ziel sind nicht viele Menschen, die Sie von einer Mitarbeit in Ihrem Team überzeugen, sondern viele Menschen, die sich langfristig binden und mit Ihnen nachhaltig am gemeinsamen Erfolg arbeiten. Vermeiden Sie also Realitätsschocks.

- **Stellen- und Rollenklarheit**
Für ein rasches und gutes Ankommen ist es unerlässlich, dass die Rollen und Stelle des neuen Mitarbeiters inklusive der Aufgaben, Verantwortlichkeiten und Entscheidungsbefugnisse klar kommuniziert sind. Dies gibt sowohl dem neuen Teammitglied als auch bestehenden Mitarbeitern entsprechende Sicherheit und Transparenz. Meine Empfehlung lautet, sich von klassischen und teilweise sehr einschränkenden Stellenbeschreibungen zu verabschieden und die oben genannten Themen stimmig zu Ihrem Unternehmen in kurzer, klarer Form schriftlich festzuhalten. Nur so wird sichergestellt, dass der neue Mitarbeiter zeitnah seine von ihm erwarteten Rollen und seine Stelle wahrnehmen kann und in Folge das Team schnellstmöglich ergänzt und (wieder) entlastet. Veranschaulichen Sie auch die Vision Ihres Unternehmens und den konkreten Beitrag des neuen Mitarbeiters und seiner Rollen. Nur Menschen, die den Sinn, das Warum und Weshalb hinter ihren Aufgaben verstehen, werden motiviert, produktiv und loyal sein und langfristig auch bleiben und beitragen.

Die Begriffe Rolle und Stelle sind eng miteinander verbunden, beziehen sich aber auf unterschiedliche Konzepte. Eine Stelle ist eine formale Position innerhalb der Organisationsstruktur eines Unternehmens. Sie ist mit einem spezifischen Aufgabenbereich, Verantwortlichkeiten und einem bestimmten Platz in der Hierarchie verbunden. Ein Hotel könnte Stellen wie „Junior Front Office Mitarbeiter", „Hoteldirektor" oder „F&B Manager" haben. Stellen sind offiziell in der Organisationsstruktur definiert und jede Stelle hat klar definierte Aufgaben, die der Stelleninhaber zu erfüllen hat. In der Regel sind Stellen mit einem Arbeitsvertrag verknüpft, der die Erwartungen, Gehälter, Arbeitszeiten und andere Bedingungen festlegt. Stellen sind meistens hierarchisch organisiert, mit klaren Berichtslinien und Verantwortlichkeiten. Eine Rolle hingegen bezieht sich auf das Verhalten, das von einer Person in einem bestimmten Kontext erwartet wird. Rollen können flexibel sein und eine Person kann mehrere Rollen gleichzeitig ausfüllen. Ein Marketingmanager (Stelle) könnte die Rollen eines „Teamleiters", „Projektkoordinators" oder „Auszubildendenmentors" übernehmen. Rollen sind oft weniger formell als Stellen und können sich je nach Situation oder Projekt ändern. Rollen sind nicht notwendigerweise an eine bestimmte Position in der Hierarchie gebunden (Döring, 2014).

- **Cultural Fit**
Im Arbeitsleben wie auch im Privatleben sind gemeinsame Werte die Basis für langfristige und erfolgreiche Beziehungen. Egal, wie professionell Sie Ihren Onboarding-Prozess gestaltet haben, er kann nur nachhaltig sein, wenn Sie während des Recruiting Prozesses auf den Cultural Fit geachtet haben. Nur ein Mitarbeiter, der die Werte Ihres Unternehmens und Teams teilt und bereit ist, diese auch täglich durch Umsetzung zu leben und unter Beweis zu stellen, kann zukunftsfähig in Ihr Team integriert werden und spürbar zu Ihrer Erfolgsvision beitragen. Machen Sie die Werte Ihres Unternehmens zu einem Bestandteil des Onboardings und geben Sie dem neuen Mitarbeiter Möglichkeiten und Raum, sich mit den Werten auseinanderzusetzen und seine individuelle Umsetzung dieser zu erarbeiten.
- **Integration in das Team**
Stimmt der Cultural Fit, sprich passt Ihr neuer Mitarbeiter im Sinne Persönlichkeit und Werte in Ihr Team, gestaltet sich auch die soziale Integration leichter. Je nach Persönlichkeit und Alter kann es mehr oder weniger herausfordernd sein, sich an ein neues berufliches Umfeld anzupassen und in ein bestehendes Team zu integrieren. Schaffen Sie Rahmenbedingungen und Prozesse, welche die Integration sowohl für den Neuankömmling als auch für das bestehende Team so einfach und stimmig wie möglich machen. Zugehörigkeit ist ein Grundbedürfnis von uns Menschen und sollte auch im Onboarding-Prozess noch vor dem ersten Arbeitstag forciert werden.
- **Überforderung/Unterforderung**
Mitarbeiter, egal welcher Generation zugehörig, wollen sehen, welchen Beitrag sie zum Unternehmenserfolg leisten, und dafür wertgeschätzt werden. Ziel muss sein, dass das neue Teammitglied so rasch wie möglich einsatzfähig ist und Ihre Gäste im Sinne des Unternehmens betreuen kann. Achten Sie darauf, dass keine Unterforderung entsteht und folglich Erfolgserlebnisse ausbleiben. Das gelingt, indem es eine strukturierte fachliche und operative Einarbeitung gibt für welche ausreichend Ressourcen zur Verfügung stehen (vergleiche auch den Punkt Prozessklarheit und Ressourcen). Keinesfalls sollten die ersten Tage nur mit „Mitlaufen" und Lesen von Handbüchern und dergleichen verbracht werden. Vermeiden Sie umgekehrt auch Überforderung, welche oftmals auch auf zu wenig Ressourcen auf Seite der Einarbeitenden zurückgeht. Bedenken Sie, dass vieles für Sie und Ihr Team selbstverständlich ist, was für den neuen Kollegen möglicherweise komplettes Neuland ist. Respektieren Sie auch die von Mensch zu Mensch unterschiedlichen Aufnahmekapazitäten, Lernstile und Stresstoleranzen. Je früher Ihr neues Teammitglied handlungsfähig ist und

somit sein Wirken für den Unternehmenserfolg spürt, desto eher werden auch Motivation und Zugehörigkeitsgefühl folgen.
- **Kommunikation**
Abschließend und dennoch der auch hier wichtigste Erfolgsfaktor – strukturierte und transparente Kommunikation. Nicht nur, aber vor allem für die neuen Generationen am Arbeitsmarkt ist Sicherheit, basierend auf häufiger und wertschätzender Kommunikation, ein wichtiges Element für Zufriedenheit am und Bindung an den Arbeitsplatz. Da die Ressourcen für Onboarding in den meisten Fällen ohnehin knapp sind und es keinen definierten Prozess gibt, kommt die Kommunikation zu kurz. Schaffen Sie in Ihrem Onboarding-Prozess Platz, Struktur und Rahmen für wertschätzende und (bestenfalls bereits vor Antritt terminisierte) Feedbackgespräche für beide Seiten.

Im Natur- und Wellnesshotel Forsthofgut zum Beispiel hat das Onboarding ab Zusage einen ganz besonderen Stellenwert. Eine der Besonderheiten ist die „Hotel-Rallye". Ausgestattet mit einem Fragenkatalog mit rund 90 Fragen sind neue Teammitglieder eingeladen, das Hotel, das gesamte Team und die Region auf eigene Faust kennenzulernen. Nach Beantwortung aller Fragen wartet ein attraktives Goodie Bag. Spaß und individuelles Erforschen des neuen Umfeldes stehen bei der Rallye klar im Vordergrund. Neben Fachfragen rund um zum Beispiel Zimmerkategorien, Spa-Anwendungen und Essenszeiten stellt der Katalog auch Fragen nach unter anderem Wegzeiten von der Rezeption zu einem der Restaurants im Haus oder zur Seilbahn, nach den Hauptlieferanten im F&B-Bereich und zu Vorlieben oder zur Betriebszugehörigkeit von spezifischen Kollegen. So werden eigenständiges Entdecken und der Austausch mit Menschen aus unterschiedlichsten Fachbereichen forciert. Sowohl das fachliche als auch das soziale Ankommen wird durch die „Forsthofgut-Rallye" auf professionelle und spielerische Weise unterstützt.

Ihre persönlichen Reflexionsfragen

- Gibt es bei uns ausreichend Ressourcen für ein professionelles Onboarding? Wie kann ich das optimieren?
- Stelle ich beim Onboarding Ressourcen zur Verfügung, um unsere Werte im Detail kennenzulernen und sich mit der eigenen Anwendung dieser in der Operative auseinanderzusetzen? Welche Formate könnten wir hier noch anbieten?
- Wie stelle ich eine gute Integration ins Team sicher? Unterstütze ich dabei oder überlasse ich es dem Zufall? Kann ich hier etwas anders machen?

- Habe ich mich mit den Themen Überforderung/Unterforderung während der Einarbeitung auseinandergesetzt? Gibt es hier bereits Feedback oder Fälle, die Anlass zu Optimierungen sein können?
- Beinhaltet unser Onboarding-Prozess vorab terminierte, strukturierte Feedbackgespräche, die nicht „zwischen Tür und Angel" stattfinden?
- Welche drei Ideen zum Onboarding setze ich diese Woche noch um? Wer kann hier unterstützen?

2.2 Onboarding – wie gelingt es?

Professionelles Onboarding startet, wie bereits erwähnt, bestenfalls ab dem Moment der Zusage, von wem auch immer diese ausgeht und unabhängig davon, wie diese übermittelt wurde. Hinterfragen Sie, welche Ziele im Sinne der fachlichen und sozialen Integration bis wann erreicht werden sollen und wie die Umsetzung bestmöglich und wertegetreu, stimmig zu Ihrer Marke, gelingen kann. Vermeiden Sie die in Abschn. 2.1 genannten Stolpersteine.

Verschriftlichen Sie den Onboarding-Prozess transparent für alle Beteiligten samt Rollen- und Aufgabenverteilung für das neue Teammitglied, Ihren Personalverantwortlichen, für Kollegen und für Sie selbst.

Vermitteln Sie von Beginn an Sicherheit, indem Sie den Onboarding-Prozess samt allen Terminen, Abläufen und Ansprechpartnern vor Arbeitsbeginn transparent an das neue Teammitglied und intern kommunizieren. Je besser sich der neue Mitarbeiter auf die Onboarding-Zeit einstellen kann, desto eher wird das Bauchgefühl ein positives sein und Stress reduziert.

Terminierte und professionelle Feedbackgespräche schaffen Raum für das Formulieren und Abgleichen von Erwartungen für beide Seiten. Setzen und kommunizieren Sie dem neuen Mitarbeiter Ziele und konkrete Erwartungen inklusive entsprechender Termine, im Optimalfall kombiniert mit den Terminen für Feedbackgespräche. Nur so können erste Erfolgserlebnisse entstehen und noch offene Themen für beide Seiten rechtzeitig transparent gemacht werden.

Das Lernen in der Onboarding-Phase sollte ein guter Mix aus „On-the-Job"-Training, eigenständigem Erarbeiten und, wenn stimmig, Lesen sein. Fundierte und interaktiv gestaltete (interne) Schulungen können den Einarbeitungsprozess sinnvoll abrunden. Beachten Sie bei internen Schulungen stets, dass ausgezeichnete Fachkenntnis nicht immer mit Trainingskompetenz einhergeht. Stellen Sie sowohl inhaltlich als auch didaktisch und methodisch eine gewisse Schulungsqualität sicher. Holen Sie sich bei Bedarf externe Unterstützung im Schulungsdesign und lassen Sie interessierte und geeignete Mitarbeiter Train-the-Trainer-Formate durchlaufen, sodass diese qualifizierte interne Schulungen durchführen können.

2.2 Onboarding – wie gelingt es? 31

Die Einarbeitung in allgemeine Themen wie beispielsweise HACCP kann mittlerweile ganz einfach und effizient via entsprechenden Onboarding-Apps oder Online-Kursen erfolgen, oftmals sogar schon mehrsprachig programmiert. Vorteile dieser Methode sind unter anderem die orts- und zeitunabhängige Möglichkeit der Teilnahme.

Mehr und mehr Unternehmen unterstützen ihre Onboarding-Prozesse auch mittels Virtual Reality. Zukünftige Mitarbeiter haben so die Möglichkeit, sich im Unternehmen, nachgebaut in einer virtuellen Welt, umzuschauen und so zum Beispiel Abteilungen, Wege und Abläufe kennenzulernen.

Vor allem für sehr junge Mitarbeiter, Auszubildende und Praktikanten bietet sich ein sogenanntes Buddy-System an, bei dem ein bereits im Team integrierter Kollege das Ankommen im Unternehmen und im Team begleitet. Ein Buddy bietet als Ansprechpartner für informelle Strukturen und Gegebenheiten Sicherheit und unterstützt die Integration in das bestehende Team. Der Grund, warum Buddy-Systeme in der Praxis oft scheitern, ist, weil es keine Struktur dahinter gibt. Legen Sie klar fest, welche Aufgaben der Buddy übernimmt, wie lange und wofür er zuständig ist und wo er begleitet, und schulen Sie Buddys bestenfalls auch im Bereich Kommunikation.

Im Zuge des Onboardings kann es auch wertvoll sein, wenn das neue Teammitglied eine Job-Rotation in andere Abteilungen, zumindest die Schnittstellenabteilungen, macht. Der neue Mitarbeiter für die Rezeption verbringt so zum Beispiel einen Tag im Housekeeping, einen Tag mit der Haustechnik und einen Tag im Service. So wird eine persönliche Ebene zwischen den Kollegen geschaffen, die sich im Arbeitsalltag vielleicht nie ergibt und auch Verständnis und Wertschätzung für die Kollegen und deren Aufgaben und Herausforderungen ermöglicht.

Für Trainees, Nachwuchsführungskräfte oder schlicht ambitionierte Mitarbeiter kann auch ein Mentoren-System sinnvoll sein, um auch über die Onboarding-Phase hinaus bei der Weiterentwicklung zu begleiten. Für Nachwuchsführungskräfte kann ergänzend ein begleitendes Coachingangebot für das Zurechtfinden und individuelles Entwickeln in der neuen Rolle wertvoll sein.

Prozessdesign Onboarding

Folgende Fragen können im Prozessdesign eine gute Basis sein:

- Wann beginnt und wann endet der offizielle Onboarding-Prozess?
- Welche Informationen benötigt Ihr neues Teammitglied vor dem ersten Arbeitstag, um (emotionalen) Stress zu reduzieren und Vorfreude zu schüren?

- Welche administrativen, fachlichen und sozialen Ziele sollen bis wann erreicht werden? Wie kann die Umsetzung durch wen und wann erfolgen? Welche Tools, Trainer, Unterlagen und Ressourcen stehen zur Verfügung?
- Welche Formate können die Integration ins Team unterstützen?
- Soll ein Buddy-System implementiert werden? Was ist das Ziel davon? Wie soll konkret vorgegangen werden?
- Wie kann der neue Mitarbeiter am schnellsten und besten das Unternehmen (und im Bedarfsfall die Region) und das Team kennenlernen, um rasch ein adäquater Ansprechpartner für Gäste und Kollegen zu sein?
- Welche Informationen müssen wann intern weitergegeben werden, um dem neuen Teammitglied ein gutes Ankommen und dem bestehenden Team eine entsprechende Vorbereitung zu ermöglichen?
- Wie können Sie Ihre Unternehmenswerte im Prozess spürbar machen?
- Welchen Eindruck von den ersten Wochen bei Ihnen im Team soll der neue Mitarbeiter in seinem Umfeld schildern? Steuern Sie diesen konkret? Wie?
- Was erwartet und braucht der neue Mitarbeiter (versetzen Sie sich in die Mitarbeiterpersona, sofern vorhanden), um sich wohlzufühlen? Wie merkt er, dass er genau bei Ihnen richtig ist? Welche Elemente des Onboardings werden ihn so positiv begeistern, dass er sie gerne mit seinem Netzwerk teilt?
- Ist ein Mentoring-System sinnvoll? Wenn ja, warum? Mit welchem Ziel wollen Sie dieses wie konkret implementieren?
- Ist es sinnvoll, Nachwuchsführungskräfte durch einen Coach begleiten zu lassen? Wer kommt hierfür in Frage (intern/extern)?

2.2.1 Das DISG-Modell (persolog®)

Das DISG-Modell (auch als persolog-Modell bekannt) ist ein sehr leicht verständliches psychologisches Modell zur Analyse und Beschreibung menschlicher Verhaltensweisen. Entwickelt aus den Arbeiten des US-amerikanischen Psychologen William Moulton Marston in den 1920-er Jahren, wird es heute häufig im unternehmerischen Kontext verwendet, um die Dynamik in Teams zu verbessern, Führungskompetenzen zu entwickeln und die Kommunikation und Lerninhalte zu optimieren. Spätestens im Zuge des Onboardings sind eine professionell durchgeführte DISG-Analyse des neuen Mitarbeiters und eine entsprechende Schulung

2.2 Onboarding – wie gelingt es?

über den eigenen und die anderen Verhaltensstile durchaus hilfreich, um die Teamintegration und Kommunikation von Beginn an typgerecht zu gestalten und zu unterstützen. Das kann viele unnötige Missverständnisse und mögliches Konfliktpotenzial eliminieren und wertvolle Potenziale eröffnen.

Das DISG-Modell unterscheidet vier grundlegende Verhaltensstile, die in den meisten Menschen in unterschiedlichem Ausmaß vorhanden sind. Die Stile in aller Kürze:

- **Dominanz (D):** Menschen mit einem hohen Anteil an Dominanz streben nach Kontrolle, Unabhängigkeit und schnellen Ergebnissen. Sie sind direkt, entschlossen und risikofreudig, können jedoch als ungeduldig oder autoritär wahrgenommen werden.
- **Initiative (I):** Personen mit einer hohen Initiative-Komponente sind kommunikativ, optimistisch und kontaktfreudig. Sie motivieren andere und fördern die Zusammenarbeit. Ihr Drang zur Geselligkeit kann allerdings manchmal zu einer Vernachlässigung von Details führen.
- **Stetigkeit (S):** Menschen, die einen hohen Stetigkeitswert haben, schätzen Stabilität, Teamarbeit und Zuverlässigkeit. Sie sind gute Zuhörer und streben nach Harmonie, können jedoch in stressigen Situationen zögerlich oder resistent gegenüber Veränderungen sein.
- **Gewissenhaftigkeit (G):** Diese Personen legen Wert auf Genauigkeit, Qualität und Präzision. Sie sind analytisch, systematisch und orientiert an Regeln, was manchmal zu Perfektionismus oder übermäßigem Zögern führen kann (Geier, 2007).

Für Unternehmer und Führungskräfte bietet das DISG-Modell mehrere Vorteile, unter anderem:

- **Verbesserung der Teamdynamik:** Durch das Verständnis der unterschiedlichen Verhaltensstile können Führungskräfte ihre Teams besser zusammenstellen, Konflikte minimieren und die Stärken jedes Teammitglieds gezielt einsetzen.
- **Effektivere Kommunikation:** Unternehmer können durch das Wissen um die DISG-Profile ihrer Mitarbeiter die Kommunikation anpassen, Missverständnisse reduzieren und die Mitarbeiterbindung und -zufriedenheit stärken.
- **Gezielte Personalentwicklung:** Das Modell kann helfen, individuelle Entwicklungspläne zu erstellen, die auf den spezifischen Verhaltensmustern basieren. So können Führungskräfte gezielte Trainings anbieten, um Schwächen zu mindern und Stärken auszubauen.
- **Optimierung des Führungsverhaltens:** Führungskräfte können ihre eigenen Verhaltensmuster erkennen und gegebenenfalls anpassen, um eine effektivere Führung zu gewährleisten.

2.2.2 Der administrative Onboarding-Prozess

Es empfiehlt sich, wie in Abschn. 2.2 bereits erwähnt, den gesamten Onboarding-Prozess schriftlich festzuhalten und individualisiert mit Daten (Ansprechpartnern, Themen, Terminen etc.) zu versehen. Dieser personalisierte Plan gibt sowohl dem neuen Mitarbeiter als auch Ihnen als Führungskraft und möglicherweise weiteren involvierten Teammitgliedern Sicherheit und einen transparenten Überblick.

Je mehr sie digitalisieren und automatisieren können, desto effizienter kann der Prozess gestaltet werden. Unter anderem digitale Signaturen können allen Seiten viel Papier und Zettelwirtschaft ersparen. Verträge sollten jedenfalls umgehend nach Zusage unterzeichnet werden.

Im Idealfall sind relevante Information und Wissen in einem internen System angelegt, zu welchem Sie Ihrem neuen Mitarbeiter nach Vertragsunterzeichnung Zugang geben. Sämtliche Unterlagen sollten auch im Sinne von Design und Optik ansprechend gestaltet sein und zu Interaktivität einladen. Interne Systeme können unter anderem auch Platz für Fragen und Austausch vorab schaffen und den Fortschritt für alle Seiten transparent darstellen. In Kombination mit der in Abschn. 2.2 genannten Zielformulierung können derartige Systeme Transparenz, Kommunikation und Motivation von Beginn an wertvoll unterstützen.

Bedenken Sie bei aller Digitalisierung und Prozessverschlankung aber unbedingt auch immer die persönliche Komponente. Das kann eine handgeschriebene Karte von Ihnen als Vorgesetztem vor Arbeitsbeginn sein mit den Unterschriften und Fotos des Teams oder beispielsweise ein ganz individuell formuliertes Willkommensschreiben in der Unterkunft. Persönliche Wertschätzung des Neuankömmlings kann für das Bauchgefühl beim Ankommen einen großen Unterschied machen. Gestalten Sie, wie bereits erwähnt, auch die Ressourcenplanung für das Onboarding entsprechend.

Wie auch immer Sie den Onboarding-Prozess inklusive aller Tools, Formate und Unterlagen gestalten – Ihr neuer Mitarbeiter sollte so viel Freude daran haben wie die heutige Jugend am Auspacken und Ausprobieren eines neuen Smartphones. Schaffen Sie Erlebnisse, Überraschungsmomente, kleine Geschenke, Formate und Unterlagen, die in Folge gerne mit Familie, Freunden und bestenfalls sogar in sozialen Netzwerken geteilt werden. Ein neuer Fan und Botschafter ist an Bord und bietet, bereits in der Onboarding-Phase, vielfach unterschätzten Mehrwert für Ihre Arbeitgebermarke.

Meine Abschlussempfehlung: Bleiben Sie im Gespräch. Der offizielle und definierte Onboarding-Prozess mag zwar, je nach Unternehmensgröße und Position, nach einem oder mehreren Monaten enden, die verbindliche und terminisierte

Feedback- und Gesprächskultur sollte jedoch unbedingt weiter bestehen bleiben. Die Themen wandeln sich vom Ankommen in Richtung Entwicklung, Zufriedenheit und nachhaltige Bindung und Begeisterung. Anregung und Inspiration dazu finden Sie in späteren Kapiteln.

Ihre persönlichen Reflexionsfragen

- Übermitteln wir neuen Kollegen einen Onboarding-Plan inkl. Terminen und Ansprechpartnern?
- Wie kann Digitalisierung und/oder KI den Onboarding-Prozess unterstützen?
- Welche Möglichkeiten gibt es in unserem Onboarding-Prozess, persönliche Wertschätzung und Herzlichkeit zu zeigen?
- Nutze ich das persolog®/DISG-Modell?

Weiterführende Literatur
- Dauth, G. (2012). Führen mit dem DISG®-Persönlichkeitsprofil. Gabal, Offenbach am Main.
- Gay, F. & Karsch, D. (2019). Persönlichkeit und Erfolg: Das persolog® Persönlichkeits-Modell. Gabal, Offenbach am Main.
- Maylett, T. & Wride, M. (2017). The Employee Experience. How to attract talent, retain top performers and drive results. New Jersey: Wiley & Sons.
- Morgan, J. (2017). The Employee Experience Advantage: How to Win the War for Talent by Giving Employees the Workspaces They Want, the Tools They Need, and a Culture They Can Celebrate. New Jersey: Wiley & Sons.

Literatur

Döring, U. (2014). *Personalwirtschaftslehre. Eine praxisorientierte Einführung.* Ludwigshafen: Kiehl.
Geier, J. (2007). *Das große DISG-Praxisbuch: Menschenkenntnis, Menschenführung, Menschenentwicklung.* Paderborn: Junfermann.
Rousseau, D. M. (1995). *Psychological Contracts in Organizations: Understanding Written and Unwritten Agreements.* Thousand Oaks: Sage Publications.

Das Team begeistern, begleiten und binden 3

3.1 Weiterbildung und Karrierewege

Eine fördernde Kultur des lebenslangen Lernens ist erfolgsentscheidend für Menschen und Unternehmen. Unsere Arbeitswelten und Anforderungen werden zunehmend komplexer und dynamischer. Vor allem in Dienstleistungsberufen sind die immer höher werdenden Ansprüche ein großes Thema. Kontinuierliche fachliche und persönliche Weiterbildung und Begleitung sowie das Aufzeigen und Ermöglichen von Karrierewegen sind ein entscheidender Erfolgsfaktor für Unternehmen und unverzichtbare Elemente zeitgemäßer Employee Experience. Vor allem für kleinere und mittlere Unternehmen, die sich im teils hart umkämpften Arbeitnehmermarkt behaupten müssen, können ein innovatives und personalisierbares Weiterbildungsangebot sowie entsprechende Karrierewege einen klar erkennbaren Unterschied im Wettbewerb um die Top-Talente machen. Außerdem werden durch Investieren in Aus- und Weiterbildung sowie die interne Entwicklung von Talenten die langfristige Wettbewerbsfähigkeit und Innovationskraft Ihres Unternehmens gefördert und die Lebensqualität Ihrer Mitarbeiter durch die individuelle Entwicklung gestärkt.

Der Ruf nach Weiterbildung ist in den meisten Unternehmen laut, Teams wünschen sich neue Inputs und Inhalte und sind an fachlichem und persönlichem Wachstum vielerorts sehr interessiert. Ratsam ist, den tatsächlichen Weiterbildungsbedarf und -wunsch strukturiert und professionell zu erheben und in Folge gezielt zu investieren. Wenn Weiterbildungen zum Teil selbst finanziert oder in der Freizeit absolviert werden sollen, wird der Ruf zumeist schon etwas leiser. Das kann naturgemäß unterschiedliche und individuelle Gründe haben, lädt jedoch dazu ein, Weiterbildungswünsche und -bedarfe zu hinterfragen und zu konkretisieren. Eine gründliche Bedarfsanalyse ist ein Zusammenspiel aus dem Weiterbildungswunsch und den Zielen des individuellen Mitarbeiters, dem Feedback und der Perspektive der zuständigen Führungskräfte und den aktuellen und zukünftigen Anforderungen, Zielen und Visionen des Unternehmens. Übergeordnetes Ziel soll sein, die Potenziale jedes Mitarbeiters voll auszuschöpfen sowie das Team zu stärken. Individuelle Weiterbildungs- und Entwicklungspläne müssen regelmäßig und strukturiert überprüft und angepasst werden, um sicherzustellen, dass sie den sich ändernden Anforderungen entsprechen. Was den Lerntransfer in die Praxis und entsprechend die Nachhaltigkeit von Weiterbildungen betrifft, bedarf es gewisser Rahmenbedingungen. Wir alle kennen klassische, ein bis drei Tage andauernde Seminare, die zwar spannend im Sinne der Inhalte und des Austauschs waren, jedoch ihren langfristigen Weg in den Arbeitsalltag nur selten finden.

3.1.1 Wo findet Bildung statt?

Kontinuierliche Weiterbildung und der Erwerb neuer Kompetenzen sind sowohl für Führungskräfte als auch für Mitarbeiter und Auszubildende von zentraler Bedeutung. Zu definieren ist, wo und in welcher Form Weiterbildungen in Anspruch genommen und durchgeführt werden und wer diese leitet.

Bei größeren Unternehmen und als Initiative von gesamten Regionen zeichnet sich der Trend zu einer eigenen Akademie für Auszubildende und Mitarbeiter ab. Die Vorteile, vor allem im Bereich Employer Branding und Teamstärkung für das Unternehmen beziehungsweise die Region, liegen auf der Hand. Berücksichtigt werden darf, dass der oft sehr befruchtende Austausch und das wertvolle Netzwerk mit Branchenkollegen aus anderen Unternehmen und Regionen mit (haus)internen Modellen auf der Strecke bleiben. Interne Trainingsangebote und interne Akademien bieten Unternehmen dennoch eine maßgeschneiderte Lösung, um die Kompetenzen ihrer Menschen kontinuierlich zu fördern und weiterzuentwickeln. Um eigene Trainingsangebote oder Akademiesystem erfolgreich zu machen, beachten Sie bestenfalls folgende Schritte:

- **Bedarfsanalyse**
  Bevor Trainingsangebote entwickelt werden, ist eine Bedarfsanalyse erforderlich, um die spezifischen Schulungsanforderungen zu ermitteln. Definieren Sie als Unternehmer unbedingt klar, welches Ziel Sie mit der internen Lösung verfolgen. Die Bedarfsanalyse kann durch Umfragen, Mitarbeitergespräche und

die Analyse von Leistungsdaten geschehen. Ziel ist es, Wissenslücken zu identifizieren und Prioritäten für die Schulungsinhalte festzulegen. Innovative Schulungspläne enthalten auch Themen rund um Persönlichkeitsentwicklung und allgemeine Verbesserung der Lebensqualität. Das können zum Beispiel Konzepte rund um die Bereiche Resilienz, Stressmanagement, Motivation und die eigene Werte- und Visionsfindung sowie ein Angebot an Persönlichkeitscoachings sein. Zur Attraktivierung des Angebotes bietet es sich an, auch Inhalte zu inkludieren, die vielleicht nicht zur Gänze berufsrelevant sind. Das kann beispielsweise eine Yogaausbildung sein oder ein gemeinsames, regelmäßiges Lauftraining.

- **Entwicklung eines Schulungskatalogs**
  Basierend auf der Bedarfsanalyse wird ein Schulungsplan inklusive Terminen, Orten und Trainern entwickelt, der die verschiedenen Trainingsmodule und -themen umfasst. Dieser Plan sollte sowohl kurz- als auch langfristige Schulungsbedarfe abdecken und flexibel genug sein, um auf sich ändernde Anforderungen reagieren zu können.

- **Definition und Kommunikation von Rahmenbedingungen**
  Definieren Sie, ob und wenn ja welche Trainings in der Arbeitszeit oder Freizeit absolviert werden und wie die Prozesse von Anmeldung über Organisation bis hin zur Evaluation und Lerntransfer in die Praxis erfolgen sollen. In Folge müssen diese Rahmenbedingungen, Prozesse und im Anlassfall Vorlagen auch strukturiert an das gesamte Team kommuniziert werden.

- **Einbindung von internen Experten**
  Oftmals verfügen Unternehmen über interne Fachexperten, die ihr Wissen an Kollegen weitergeben können. Diese Experten können Schulungen zu spezifischen Themenbereichen leiten und so das Know-how im Unternehmen gezielt verbreiten. Achten Sie unbedingt darauf, dass die Experten auch entsprechende didaktische Fähigkeiten mitbringen oder ihnen eine entsprechende Schulung vorab angeboten wird. Hier bieten sich klassische Train-the-trainer Formate an, in denen in aller Kürze das notwendige Werkzeug im Sinne Didaktik, Präsentationstechnik, digitale Lerntools und Rhetorik erlernt werden kann und Raum zum Üben ist.

- **Evaluation und Feedback**
  Nach den Schulungen sollte eine Evaluation erfolgen, um den Erfolg der Trainingsmaßnahmen zu messen und Feedback von den Teilnehmenden zu sammeln. Dies hilft, die Qualität der Schulungen kontinuierlich zu verbessern und sicherzustellen, dass die Lernziele erreicht werden und auch ein Transfer in den Alltag stattfindet.

Interne Formate bieten zahlreiche Vorteile. Sie können genau auf die spezifischen Bedürfnisse und Herausforderungen Ihres Unternehmens zugeschnitten werden. Dies ermöglicht eine zielgerichtete Schulung, die direkt auf Ihre Unternehmensziele und -strategien abgestimmt ist. Da die Schulungen auf den spezifischen Kontext des Unternehmens ausgerichtet sind, können die Mitarbeitenden das Gelernte bestenfalls sofort in ihrer täglichen Arbeit anwenden. Dies erhöht die Relevanz und den praktischen Nutzen der Trainingsmaßnahmen. Im Vergleich zu externen Schulungen können interne Trainings kostengünstiger sein, insbesondere wenn das Unternehmen über interne Trainer oder Experten verfügt. Es entfallen Reisekosten und Teilnehmergebühren, die bei externen Angeboten anfallen könnten. Interne Schulungen tragen zur Stärkung der Unternehmenskultur bei, indem sie ein gemeinsames Verständnis für Unternehmensziele und -werte fördern. Mitarbeitende, die gemeinsam lernen, entwickeln oft ein stärkeres Gemeinschaftsgefühl und eine höhere Identifikation mit dem Unternehmen. Da interne Schulungen direkt im Unternehmen organisiert werden, können sie schnell und flexibel an die aktuellen Bedürfnisse angepasst werden. Qualitativ hochwertige Akademieangebote im Haus zeigen eine langfristige und nachhaltige Investition in die Weiterbildung Ihres Teams und unterstützen so Ihr Employer Branding und die Mitarbeiterbindung. Interne Akademien bieten strukturierte Lernpfade, die von der Einarbeitung neuer Mitarbeitender bis hin zur Entwicklung von Führungskräften reichen können. Im Optimalfall bietet Ihre Akademie auch formale Zertifizierungen und Qualifikationen an, die die Karriereentwicklung der Mitarbeitenden unterstützen und auch extern als zusätzliche Qualifikation für Ihre Mitarbeiter gelten. Ein wertvoller Benefit, vor allem für jüngere Talente.

Externe Trainingsangebote bieten Unternehmen eine zusätzliche wertvolle Möglichkeit, das Wissen und die Fähigkeiten ihrer Mitarbeitenden zu erweitern. Doch damit das neu erworbene Wissen auch intern Wirkung zeigt, ist ein gezielter Transfer in den Unternehmensalltag entscheidend. Externe Bildungsmöglichkeiten umfassen ein breites Spektrum an Themen und Formaten. Sie reichen von klassischen Präsenzseminaren, 1:1- und Teamcoachings über Workshops bis hin zu Online-Kursen und E-Learning-Plattformen. Die Vorteile von externen Angeboten liegen auf der Hand. Externe Trainer und Experten bringen neue Ideen und innovative Ansätze ins Unternehmen. Sie bieten einen Blick von außen, der oft hilft, eingefahrene Denkweisen zu hinterfragen und neue Lösungswege zu entdecken. Mitarbeitende, die an externen Trainings teilnehmen, haben die Möglichkeit, sich mit Fachkollegen aus anderen Unternehmen zu vernetzen, was den Austausch von Best Practices und neuen Trends fördert. Externe Anbieter können außerdem spezifische und spezialisierte Inhalte anbieten, die intern möglicherweise nicht abgedeckt werden können. Der Erfolg eines externen Trainings hängt jedoch stark davon ab, inwieweit das erworbene Wissen in den Arbeitsalltag integriert wird. Der Wissenstransfer ist entscheidend, um sicherzustellen, dass das neu Erlernte nicht nur bei den Teilnehmenden bleibt, sondern auch das gesamte Unternehmen davon profitiert. So kann der Wissenstransfer gelingen:

- **Nachbereitung und Reflexion**
  Nach einem externen Training sollten die Teilnehmenden die Möglichkeit haben, das Gelernte zu reflektieren und auf die eigenen Arbeitsprozesse zu übertragen. Eine gezielte Nachbereitung durch Gespräche mit Vorgesetzten oder in Teamsitzungen hilft, das Wissen zu festigen und konkrete Umsetzungsschritte zu planen. In manchen Fällen werden auch Folgecoachings im 1:1-Setting mit dem Trainer angeboten, sodass Fragen, die sich bei der Praxisumsetzung ergeben, noch geklärt werden können und die Inhalte nicht versanden.
- **Wissensweitergabe im Team**
  Mitarbeitende, die an externen Trainings teilgenommen haben, sollten ihr Wissen aktiv an Kolleginnen und Kollegen weitergeben. Dies kann durch interne Workshops, Präsentationen oder informelle Wissensrunden geschehen. So wird sichergestellt, dass das erworbene Wissen nicht auf einzelne Personen beschränkt bleibt.
- **Internes Mentoring und Coaching**
  Um den Wissenstransfer zu unterstützen, können Mentoring- oder Coaching-Programme etabliert werden. Hierbei können die geschulten Mitarbeitenden als Mentoren für andere Teammitglieder fungieren und ihnen helfen, das neue Wissen in die Praxis umzusetzen.
- **Projekte und Pilotphasen**
  Die Einführung neuer Konzepte und Methoden, die in externen Trainings erlernt wurden, kann durch gezielte Projekte oder Pilotphasen erleichtert werden. Diese ermöglichen es, das Gelernte in einem kontrollierten Rahmen auszuprobieren und anzupassen, bevor es umfassend implementiert wird.
- **Kontinuierliche Unterstützung und Ressourcen**
  Führungskräfte sollten sicherstellen, dass den Mitarbeitenden ausreichend Ressourcen und Unterstützung zur Verfügung stehen, um das neue Wissen anzuwenden. Dazu gehören Zeit, Materialien, Verständnis und Wunsch nach Innovation und Implementation der neuen Inhalte durch das gesamte Team und gegebenenfalls zusätzliche Schulungen.
- **Feedback und Erfolgskontrolle**
  Der Fortschritt des Wissenstransfers sollte regelmäßig überprüft und durch Feedbackrunden bewertet werden. Dies hilft nicht nur bei der Identifizierung von Erfolgen und Herausforderungen, sondern zeigt auch den Mitarbeitenden, dass ihr Lernfortschritt und vermitteltes Wissen geschätzt werden.

Externe Trainingsangebote sind eine wertvolle Ressource, um Ihre Mitarbeitenden weiterzubilden und neue Impulse zu setzen. Der Schlüssel zum langfristigen Erfolg liegt jedoch im effektiven Transfer des erlernten Wissens in die tägliche Praxis. Durch gezielte Strategien und eine unterstützende Unternehmenskultur kann sichergestellt werden, dass das neu erworbene Wissen nachhaltig im Unternehmen verankert wird und so zur Verbesserung der gesamten Organisation beiträgt. Man sagt „Wissen ist Macht", ich erinnere jedoch gerne daran, dass Umsetzung mächtiger ist als reines Wissen.

Unabhängig davon, ob Weiterbildungen intern oder extern besucht werden, ist eine transparente Regelung zu finden, ob diese Zeiten als Arbeitszeit gewertet werden oder ob Weiterbildungen in der Freizeit besucht werden müssen. Auch eine Mischform ist möglich. Bedenken Sie einerseits, dass eine Sechs-Tage-Woche beispielsweise ohnehin wenig Raum und Energie für Weiterbildung lässt. Gleichzeitig muss gewährleistet sein, dass eine Teilnahme in der Arbeitszeit realistisch umgesetzt werden kann. Es ist demotivierend für Mitarbeiter, Trainer und auch Unternehmer, wenn es ein umfangreiches Bildungsangebot gibt, das aufgrund der operativen Erfordernisse aber nicht besucht werden kann. Finden Sie hier eine stimmige Regelung, bevor Sie Angebote, egal ob intern oder extern, kommunizieren.

Zu klären sind auch die Modalitäten rund um die Bezahlung der Weiterbildung. Finden Sie hier unbedingt für alle klare Regeln, welche Beträge oder Weiterbildungen voll und/oder teilweise bezahlt werden und ob und gegebenenfalls welche Bedingungen daran geknüpft sind. In der Praxis bewährt haben sich Rückzahlungsvereinbarungen in Zusammenhang mit der Verbleibdauer im Unternehmen sowie Bonuszahlungen in Zusammenhang mit einem zeitnahen und professionellen internen Wissenstransfer, einer gewissen Zugehörigkeitsdauer oder Hierarchiestufe. Sowohl für die Ressource Zeit als auch Geld empfehle ich, Regelungen genau und vorab zu definieren und zu kommunizieren. Das steigert die Professionalität des Angebotes und vermeidet Konflikte.

Ich empfehle, die gesamte Investition in Aus- und Weiterbildung Ihres Teams (auch als „Training & Development Invest" bezeichnet) zu erfassen. Wenn Sie die Aus- und Weiterbildungskosten pro Mitarbeiter verfolgen, denken Sie daran, auch Reisekosten und Kosten für die Ausfalltage zu berücksichtigen. Es ist im Zuge einer professionellen Personalentwicklungsstrategie ratsam, eine Aufstellung zu führen, welche Mitarbeiter, welche Abteilungen, welche Hierarchieebenen und durchaus auch welche Altersgruppen und welche Zugehörigkeitsjahre sich regelmäßig fortbilden und welche vielleicht eher nicht. Nur so lässt sich professionelle Personalentwicklung tatsächlich steuern und optimal anpassen.

Ihre persönlichen Reflexionsfragen

- Wissen wir genau, bei welchen Themen tatsächlich Bedarf und auch Interesse besteht?
- Wie könnten wir das erheben? Wer kann dabei unterstützen?
- Gibt es einheitliche und nachvollziehbare Regelungen im Hinblick auf Weiterbildungen (Bezahlung, Arbeitszeit vs. Freizeit) …?
- Wie stellen wir den Praxistransfer des Gelernten sicher? Wo erkenne ich hier Potenzial und wie kann ich es ab sofort nutzen?
- Haben wir ein passendes Coaching-/Mentoring-Angebot? Wie könnten wir das optimieren?
- Werden erworbene Lerninhalte bereits intern weitergegeben? Welches nachhaltige System könnte ich hier implementieren?
- Wie stellen wir die Qualität von internen und externen Weiterbildungen sicher? Gibt es ein Feedback-/Bewertungssystem?
- Erfasse ich bereits die Kosten für die Aus- und Weiterbildung meiner Mitarbeiter? Mit welchen Kennzahlen und Parametern könnte ich hier sinnvollerweise starten?

3.1.2 Trends in der Weiterbildung

Digitalisierung, unterstützt durch die Pandemie, hat auch im Bereich der Weiterbildung verstärkt Einzug gehalten. Webinare, E-Learning-Plattformen, Online-Kurse und ganze Online-Akademien bieten umfangreiche Möglichkeiten, das Lernen flexibel und kosteneffizient zu gestalten. Mitarbeiter können unabhängig von Ort und Zeit an Weiterbildungen teilnehmen und im eigenen Tempo Fortschritte erzielen. Digitale Lerninhalte bieten die Möglichkeit, hinsichtlich Design und Inhalt speziell für Ihr Unternehmen individualisiert zu werden und können einer großen Anzahl von Mitarbeitern gleichzeitig zugänglich gemacht zu werden. Die Inhalte sind bestenfalls in Kurzformaten aufbereitet, sodass die Mitarbeiter nach Lust und Laune und maßgeschneidert lernen können. Gut umgesetzt, gelten so manche Online-Inhalte als das Netflix der Weiterbildung.

Austausch kann durch entsprechende Kommunikationskanäle online gewährleistet werden oder mittels ergänzender Livetermine mit Moderation oder Trainer (online oder in Präsenz) ermöglicht werden. Das sogenannte „Blended Learning", bei dem traditionelle Präsenzveranstaltungen mit digitalen Lernformaten kombiniert werden, erfreut sich immer größerer Beliebtheit. Diese Methode ist besonders effektiv, da sie kontinuierliches Lernen und Nachhaltigkeit fördert sowie folglich Möglichkeit zum begleitenden Praxistransfer bietet.

Der Einsatz von spielerischen Elementen in der Weiterbildung, auch Gamification genannt, kann die Lernmotivation und Ergebnisorientierung von Mitarbeitern erhöhen und ist ein weiterer Trend im Bereich der Weiterbildung. So bieten viele Unternehmen eigene Learning-Apps für das Handy an oder gestalten zum Beispiel Quizze für ein gelungenes Onboarding. Damit verbundene Wettbewerbe, interaktive Inhalte und (virtuelle) Belohnungssysteme machen das Lernen spannender und spaßiger und fördern zusätzlich das Teambuilding und den internen Austausch. Die Wirksamkeit dieser spielerischen Elemente kann sich aber nur entfalten, wenn die Inhalte auch seitens Zielgruppe als nützlich und relevant eingestuft werden.

Ihre persönlichen Reflexionsfragen

- Wo macht es Sinn, digitale Inhalte, Lern-Apps oder Blended Learning zu nutzen?
- Welche unserer Inhalte eignen sich für Wettbewerbe und Quizze? Welche Schritte kann ich hier kurz- und mittelfristig setzen, um unsere Weiterbildungsangebote moderner zu gestalten?

3.1.3 Karrierewege und Nachfolgeplanung

Karriere wird je nach Generation und Persönlichkeit unterschiedlich definiert. Auf diese individuellen Vorstellungen von Karriere sind Unternehmen eingeladen einzugehen. Vor allen in kleinen und mittleren Betrieben sind mangels ausgeprägter und personenintensiver Hierarchiestrukturen klassische Karrierewege oft nicht für alle Interessierten und Talentierten möglich.

Alternativ können Spezialisierungsmöglichkeiten im Rahmen der Fachkarriere angeboten werden. So können sich Mitarbeiter in bestimmten Fachgebieten ihres Bereichs weiterbilden und darauf spezialisieren. Sie gelten dann als Experten für eben jenen Fachbereich und werden bei Projekten entsprechend einbezogen und als Experte wertgeschätzt. Es bietet sich auch an, die Fachexperten sowohl für das eigene Employer Branding als auch für die Personenmarke des jeweiligen Mitarbeiters vor den Vorhang zu holen und auf den sozialen Medien und zum Beispiel in Fachmagazinen, Interviewformaten oder Ausbildungsstätten zu präsentieren.

Eine weitere Möglichkeit ist die sogenannte Projektkarriere. Dabei können Mitarbeiter in Projekte eingebunden werden oder diese leiten, wenn die fachlichen und persönlichen Voraussetzungen dafür gegeben sind. Projektkarrieren fördern auch die Führungskompetenz, würdigen den Expertenstatus und bieten sowohl Unternehmen als auch geeigneten Mitarbeitern eine Chance zu Innovation und laufendem Lernen, basierend auf den Trends und Anforderungen der Branche und des jeweiligen Fachbereichs.

Proaktive und strategische Nachfolgeplanung ist von entscheidender Bedeutung für den langfristigen Erfolg Ihres Unternehmens. Eine gut durchdachte Nachfolgestrategie stellt sicher, dass Führungskräftewechsel reibungslos verlaufen, Fachwissen erhalten bleibt und das Unternehmen auch in Zukunft wettbewerbsfähig bleibt.

Die Tourismusbranche ist aufgrund ihrer hohen Fluktuation und des vorherrschenden Fachkräftemangels besonders auf erfahrene Führungskräfte angewiesen. Der Verlust von Schlüsselpersonen ohne eine geeignete Nachfolgeplanung kann daher zu erheblichen Herausforderungen führen, etwa in Form von Knowhow-Verlust und operativen Störungen. Eine strategische Nachfolgeplanung trägt dazu bei, diese Risiken zu minimieren, indem sie den nahtlosen Übergang von Verantwortlichkeiten und Kompetenzen sicherstellt. Sie bildet somit eine wesentliche Grundlage für die Sicherung der Unternehmensstabilität und die Fortsetzung des Wachstums. So kann Nachfolgeplanung in der Praxis gelingen:

- **Identifikation von Schlüsselpositionen**
  Der erste Schritt einer erfolgreichen Nachfolgeplanung besteht darin, kritische Positionen innerhalb des Unternehmens zu identifizieren, die für den Unternehmenserfolg essenziell sind. Dies betrifft nicht nur die oberste Führungsebene, sondern auch strategisch wichtige Positionen im mittleren Management oder darunter, die entscheidend für die operative Umsetzung der Unternehmensstrategie und für den operativen, täglichen Erfolg sind.
- **Entwicklung interner Talente**
  Eine nachhaltige Nachfolgeplanung fokussiert sich auf die systematische Entwicklung interner Talente. Dies umfasst maßgeschneiderte Trainings- und Entwicklungsprogramme, die auf die individuellen Bedürfnisse und Potenziale der Mitarbeiter abgestimmt sind. Durch gezielte Weiterbildung und Führungskräfteentwicklung können Unternehmen sicherstellen, dass qualifizierte Kandidaten für Schlüsselpositionen bereitstehen. Meine Empfehlung lautet, ergänzend ein Job-Rotation-System zu implementieren, um sicherzustellen, dass auch andere Abteilungen notfalls mit den Aufgaben der Kollegen vertraut sind. Sowohl für das Teambuilding als auch für die Abdeckung kurzfristiger Ausfälle ist das ein enormer Mehrwert.
- **Externe Rekrutierung und Netzwerke**
  Neben der internen Talententwicklung sollten Unternehmen auch externe Rekrutierungsstrategien in Betracht ziehen. Hierfür empfehle ich vor allem den

langfristigen Aufbau von Netzwerken innerhalb der Branche, um Zugang zu einem Pool potenzieller Führungskräfte und Fachkräfte zu haben.
- **Implementierung von Übergangsstrategien**
Eine durchdachte Nachfolgeplanung beinhaltet auch die Entwicklung von Übergangsstrategien, die sicherstellen, dass die Übergabe von Führungsverantwortung und anderen Schlüsselaufgaben schrittweise und strukturiert erfolgt. Diese Übergangsphasen ermöglichen es neuen Führungskräften, sich in ihre Rolle einzufinden und gleichzeitig den Wissenstransfer von ihren Vorgängern zu maximieren.
- **Kontinuierliche Überprüfung und Anpassung**
Da sich die Anforderungen und Strukturen eines Unternehmens im Laufe der Zeit ändern können, ist es unerlässlich, den Nachfolgeplan regelmäßig zu überprüfen und anzupassen. Dies ermöglicht es, auf Veränderungen in der Unternehmensstrategie, im Marktumfeld oder in der Personalstruktur flexibel zu reagieren und sicherzustellen, dass der Nachfolgeplan stets aktuell und relevant bleibt.

Die Umsetzung einer erfolgreichen Nachfolgeplanung bedingt die Bereitstellung entsprechender Ressourcen und Fähigkeiten bei den Führungskräften. Einerseits braucht die Aus- und Weiterbildung geeigneter Nachfolger Zeit und Investition in Form von Geld, andererseits kann eine Nachfolgestrategie nur funktionieren, wenn das bestehende Führungsteam Ihre Mitarbeiter entsprechend beobachtet, identifiziert und fördert. Angst vor frühzeitigem Macht- und Statusverlust darf einer Nachfolgestrategie nicht im Wege stehen. Führungskräfte müssen das Thema Nachfolge aktiv vorantreiben und als integralen Bestandteil der Unternehmensentwicklung betrachten. Darüber hinaus ist eine offene Kommunikation über Karrieremöglichkeiten und Nachfolgeprozesse innerhalb des Unternehmens entscheidend, um Transparenz zu schaffen und das Vertrauen der Mitarbeiter in den Prozess zu stärken.

Ihre persönlichen Reflexionsfragen

- Haben wir eine strategische Nachfolgeplanung implementiert? Wie könnten die ersten Schritte in diesem Zusammenhang aussehen?
- Gibt es aktuell zeitkritischen Handlungsbedarf im Sinne Nachfolgeplanung?
- Beschäftige ich mich ausreichend mit dem Thema Karriereplanung für meine Mitarbeiter und kommuniziere ich diese Möglichkeiten auch transparent?

> **Weiterführende Literatur**
> Ritz, A. & Thom, N. (2018). Talent Management: Talente identifizieren, Kompetenzen entwickeln, Leistungsträger erhalten. Springer Gabler, Wiesbaden.

3.2 Gehaltssysteme und Arbeitszeitmodelle

3.2.1 Gehaltssysteme

Gehaltssysteme und deren Nachvollziehbarkeit und Transparenz sind viel und stark diskutierte Themen im Tourismus. Während es in anderen Branchen üblich ist, entsprechend der Einordnung in der offiziellen Gehaltstabelle zu bezahlen, ist eine Überzahlung zum Kollektivvertrag im Tourismus fast schon die Regel und weniger eine Ausnahme. Ob ein gut strukturiertes und offengelegtes Gehaltssystem in Ihrem Haus Sinn macht, entscheiden allein Sie als Unternehmer oder Sie gemeinsam mit Ihrem (Führungs-)Team. Transparenz spart ohne Zweifel (einen Teil der) Zeit für Gehaltsverhandlungen, kann aber auch zu Einengung in Gehaltsgesprächen mit High Potentials oder dringend benötigten Fachexperten führen. Meine Empfehlung ist, egal wohin Ihre Tendenz geht, zu hinterfragen, welches Ziel mit einer Offenlegung der Gehaltsstruktur erreicht werden soll, oder umgekehrt, was Sie damit vermeiden möchten. Nur so kann die Sinnhaftigkeit in weiterer Folge evaluiert werden. Im Falle einer öffentlichen Gehaltstabelle empfehle ich, dass Sie sich mittels individualisierbarer Benefits einen Verhandlungsspielraum mit einzelnen Mitarbeitern offenlassen.

Ein attraktives Benefit-Programm, wertig und mit der Zielgruppe im Fokus gestaltet, kann ein wertvoller Wettbewerbsvorteil am Arbeitsmarkt sein und wesentlich zur Mitarbeiterbindung beitragen. Erfolgreiche Benefit-Programme müssen in die Unternehmenskultur integriert und konsistent mit den Unternehmenswerten und -zielen sein. Welche Benefits angeboten werden sollen und können, unterscheidet sich je nach Betrieb, Region und Zielgruppe. Bevor Sie sich über die vermeintlich richtigen Benefits den Kopf zerbrechen oder sich allzu sehr von Branchenkollegen inspirieren lassen, tun Sie bitte Folgendes: Hören Sie regelmäßig hin, wenn Mitarbeiter über ihre Herausforderungen, beruflich und privat, sowie ihre Freizeitgestaltung sprechen. Fragen Sie Ihre Zielgruppe, sprich Ihr Team, welche Benefits von echtem Wert sind und was sie brauchen oder sich wünschen, um tatsächliche Herausforderungen ihrer aktuellen Lebensphase zu lösen oder ehrlichen und nachhaltigen Mehrwert für sie zu schaffen. Ein Windel-Abo für den Nachwuchs von frischgebackenen Eltern tut wesentlich mehr für Ihr Employer Branding und die emotionale Mitarbeiterbindung als so manch anderes überbewertetes Goodie oder teure PR. Für Benefits gilt, ähnlich wie für Produkte, dass uns das Erwartete nicht begeistert. Bieten Sie Mitarbeitern also zusätzlich das Erwünschte (zum Beispiel eine Unterbringung in Einzelzimmern) und dann noch das Unerwartete. Nur so kann nachhaltige Begeisterung gelingen. Standardlösungen im Bereich der Benefits haben ihre erwünschte Wirkung größtenteils verloren.

Schauen wir uns die am meisten angebotenen Benefits gemeinsam an:

- **Kost und Logis**
  In vielen touristischen Betrieben, vor allem im Bereich Hotellerie, werden Unterkunft und Vollverpflegung (auch an freien Tagen) zur Verfügung gestellt. Dieser Benefit wird von den Mitarbeitern erwartet, teils auch auf Basis der kollektivrechtlichen Situation. Im Personalmarketing gilt es hervorzuheben, welche Ersparnis der Mitarbeiter dadurch monatlich hat. Ein meist stark unterschätzter Wert auf Seiten der Mitarbeiter.
- **Flexible Arbeitszeiten und Schichtmodelle**
  Die Studie Global Human Capital Trends von Deloitte aus dem Jahr 2021 betont, dass flexible Arbeitsmodelle ein zentraler Faktor für Mitarbeiterbindung und Zufriedenheit sind. Flexibilität bei den Arbeitszeiten kann Mitarbeitern helfen, Beruf und Privatleben besser zu vereinbaren. Besonders im Tourismus, wo saisonale Schwankungen und unregelmäßige Arbeitszeiten die Norm sind, sind flexible Modelle, sofern sie nicht nur die betrieblichen Notwendigkeiten, sondern auch die Bedürfnisse des jeweiligen Mitarbeiters berücksichtigen, sehr geschätzt.
- **Weiterbildungs- und Entwicklungsmöglichkeiten**
  Unterschiedliche Studien und Praxiserfahrung aus zahlreichen Mitarbeiterbefragungen zeigen, dass die Mehrzahl der Tourismusmitarbeiter sich regelmäßige Weiterbildungsmöglichkeiten und klare Karrierewege wünscht. Der Zugang zu Trainings und Fortbildungen wird in den meisten Fällen als einer der wichtigsten Schlüssel für die Mitarbeiterzufriedenheit genannt. Die Mehrheit der Betriebe unterstützt finanziell und auch zeitlich Weiterbildungen. Immer mehr Unternehmen eröffnen auch Mitarbeiterbibliotheken mit relevanter Fachliteratur und Ratgebern zur Persönlichkeitsentwicklung.
- **Mitarbeiterrabatte und Vergünstigungen**
  Exklusive Rabatte auf Reisen in Partnerbetriebe, Übernachtungen im eigenen Unternehmen oder Dienstleistungen innerhalb des Unternehmens können ein

3.2 Gehaltssysteme und Arbeitszeitmodelle

attraktiver Benefit sein. Solche Vergünstigungen steigern nicht nur die Mitarbeiterzufriedenheit, sondern fördern auch die Nutzung der eigenen Dienstleistungen. Diese Angebote können auch auf Familienmitglieder ausgeweitet werden. Manche Häuser bieten sogar „Family & Friends"-Raten an, gekoppelt an Verfügbarkeiten. So lädt zum Beispiel ein kostenfreier Skipass und eine Einladung, die neuesten Skimodelle im vielleicht hauseigenen Skiverleih zu testen sehr wertschätzend ein, das Skigebiet zu erkunden.

- **Gesundheits- und Wellnessprogramme**
Der Tourismus ist eine Branche, die für ihre (saisonbedingte) Intensität bekannt ist. Lange Arbeitstage, hohe Kundenerwartungen und der saisonale Druck führen oft zu Stress und Überlastung. Gerade in touristischen KMUs, die oft auf eine kleinere Belegschaft angewiesen sind, ist die psychische und physische Gesundheit der Mitarbeiter ein entscheidender Erfolgsfaktor. Wellbeing-Programme, die körperliche und psychische Gesundheit fördern, sind daher kein Luxus, sondern eine Notwendigkeit. Spezielle Gesundheitsprogramme, wie Fitnessangebote oder Stressmanagementkurse, erfreuen sich immer größerer Beliebtheit. Programme zur Gesundheitsförderung, wie Fitnessstudio-Mitgliedschaften oder die kostenlose Nutzung des eigenen Fitnessraumes im Haus, Workshops zu Stressmanagement und Achtsamkeit, ergonomische Arbeitsplätze, ein Coachingangebot und regelmäßige Gesundheitschecks zeigen den Mitarbeitern, dass ihre Gesundheit und ihr Wohlbefinden dem Arbeitgeber wichtig sind. Eine Selbstverständlichkeit ist mittlerweile in den meisten Häusern, so vorhanden, die kostenlose Nutzung des hausinternen Spa-Bereichs. Auch die Bereitstellung von Abonnements für Gesundheits- und Wellness-Apps oder Online-Fitnesskurse kann eine moderne und flexible Möglichkeit sein, das Wohlbefinden der Mitarbeiter zu unterstützen. Insbesondere nach der Pandemie ist bei vielen Mitarbeitern der Bedarf an solchen Angeboten erhöht. Integrieren Sie also entsprechende Aufklärung und Angebote in Ihre Benefits.
- **Erlebnisorientierte Benefits**
Besondere Erlebnisse wie Teamausflüge, kulturelle Veranstaltungen oder exklusive Veranstaltungen können als Benefits angeboten werden. Solche Erlebnisse stärken das Gemeinschaftsgefühl und fördern die Teambildung. Lassen Sie allerdings nicht außer Acht, dass solche Angebote für so manche Mitarbeiter kein Benefit sind. Vor allem introvertierte oder unsichere Persönlichkeiten profitieren eher weniger von großen Teamevents. Eine Teilnahme sollte also bestenfalls freiwillig sein und die Kultur so gestaltet, dass auch wirklich jeder gerne und mit gutem Gefühl von sich aus teilnehmen möchte.

Ein Best-Practice-Beispiel dafür ist das Angebot der Hotelbetriebe Supreme und Finest Family Hotel at Reiters Reserve im österreichischen Südburgenland.

Jedes Jahr hat das Team die Möglichkeit, bei einer einzigartigen Mitarbeiterreise dabei zu sein. Destinationen waren bisher unter anderem Südafrika, New York, Dubai und Barcelona. Die Mitarbeiterreisen sind nicht nur ein besonderes Incentive, sie sind ein Versprechen, gemeinsam als Team Neues zu entdecken und das Miteinander auf neuen Ebenen zu stärken.

- **Anerkennungsprogramme**
Regelmäßige Wertschätzung der Leistungen der Mitarbeiter durch Auszeichnungen, Zertifikate oder öffentliche Anerkennungen können ein effektiver Benefit sein, der das Selbstwertgefühl stärkt und die Motivation fördert.
- **Kinderbetreuung**
Die Möglichkeit einer Kinderbetreuung, welche an die vom Arbeitgeber geforderte Flexibilität im Sinne der Arbeitszeiten angepasst ist, ist für die meisten Eltern ein absoluter Mehrwert. So sind auch kurzfristiges Einspringen beziehungsweise das Abdecken von Kollegenausfällen für Eltern eher möglich.

Die Hotelbetriebe Supreme und Finest Family Hotel at Reiters Reserve im österreichischen Südburgenland bieten hier ein weiteres Best-Practice-Beispiel. Familie Reiter unterstützt aktiv die zahlreichen arbeitenden Mütter in ihrem Unternehmen durch eine ganzjährig geöffnete Kinderbetreuung inklusive Ferienbetreuung. Die Kinderbetreuung wird für Kinder ab sechs Monaten angeboten und steht sieben Tage die Woche zwischen 8 Uhr und 21 Uhr für eine geringe Gebühr zur Verfügung.
- **Betriebliches Leihauto oder Firmenwagen**
Immer mehr Mitarbeiter im Tourismus, vor allem in der Hotellerie, verzichten aufgrund der komfortablen Kombination von Wohnen und Arbeiten vielerorts auf ein eigenes Auto. Besonders in ländlichen Gebieten kann ein betriebliches Leihauto einen attraktiven Benefit darstellen.

Ein Best-Practice-Beispiel ist hier das Natur- und Wellnesshotel Höflehner. Unter dem Titel „Fexpress" (Bezug zu deren eigener Mitarbeitermarke) bekommen Mitarbeiter aus der Region, welche keine Personalunterkunft in Anspruch nehmen, einen (Stand, 2024) Elektro-Mercedes für den Arbeitsweg zur Verfügung gestellt. Gegen einen kleinen Unkostenbeitrag darf das Auto sogar auch privat genutzt werden und ersetzt so komplett ein eigenes Auto. Das Angebot gilt sowohl für Voll- als auch für Teilzeitmitarbeiter. Ein grandioser Mehrwert und eine offensichtliche Wertschätzung für Teilzeitmitarbeiter als gleichwertige Teammitglieder. Beides nicht selbstverständlich.
- **Grüne Benefits**
Benefits, mit denen ein Beitrag zu gesunder Umwelt und intaktem Klima geleistet wird, erfreuen sich immer größerer Beliebtheit. Das können unter anderem Zuschüsse zu Tickets für öffentliche Verkehrsmittel oder geförderte Fahrräder und E-Bikes für den Arbeitsweg sein.

3.2 Gehaltssysteme und Arbeitszeitmodelle

- **Soziale Verantwortung**
Benefits, die soziale Verantwortung signalisieren, wie zum Beispiel bezahlte und unkomplizierte Freistellungen für ehrenamtliche Tätigkeiten, sind ein Trend. Eine Möglichkeit ist auch, dass Mitarbeiter statt der Inanspruchnahme von Benefits oder Prämien einen Betrag an ausgewählte Organisationen spenden können.

Die Implementierung von Benefits erfordert kreative und flexible Ansätze, um den unterschiedlichen Bedürfnissen der Mitarbeiter gerecht zu werden. Hier sind einige Gestaltungsmöglichkeiten:

- **Punktesysteme**
Ein Punktesystem ermöglicht es Mitarbeitern, aus einer Vielzahl von Benefits diejenigen auszuwählen, die am besten zu ihren individuellen Bedürfnissen passen. Beispielsweise könnten Mitarbeiter Punkte für bestimmte Leistungen, entsprechend ihrer Hierarchieebene oder Betriebszugehörigkeit, sammeln und diese dann gegen Prämien, zusätzliche Urlaubstage oder andere Vergünstigungen eintauschen.
- **Flexible Benefit-Pakete**
Anstatt ein festes Paket an Benefits anzubieten, können Arbeitgeber ein flexibles System einführen, bei dem Mitarbeiter aus verschiedenen Optionen anhand eines Katalogs wählen können. Dies ermöglicht eine maßgeschneiderte Lösung, die den persönlichen Präferenzen und Lebenssituationen der Mitarbeiter entspricht. Man kann die Benefit-Pakete passend zur Brand und der Zielgruppe benennen. Ein Beispiel hierfür könnte sein, je nach Zielgruppe eine Vier-Tage-Woche und eine Fünf-Tage-Woche mit unterschiedlichen Benefits zu koppeln.
- **Bonus- und Prämienprogramme**
Leistungsabhängige Boni oder Prämien für besondere Leistungen motivieren Mitarbeiter, ihr Bestes zu geben, und tragen zur Erreichung der Unternehmensziele bei. Hier kann wieder der bereits erwähnte Trend der „Gamification" integriert werden, wo man beispielsweise spielerisch in einer App mittels Quizzen oder anderen Optionen Punkte sammeln kann.

Durch die Auswahl der richtigen Benefits und deren flexible und stark zielgruppenangepasste Gestaltung können Sie eine attraktive Arbeitsumgebung schaffen, die sowohl bestehende Mitarbeiter begeistert als auch neue Talente anzieht. Die Verwaltung von flexiblen und individuellen Systemen erfolgt bestenfalls mittels passender digitaler Plattform oder einer App, wo die Mitarbeiter jederzeit

Einblick in ihren Punktestand oder Ähnliches haben, und aktuelle Angebote sehen. Die Einlösung der Punkte kann so für alle Seiten einfach umgesetzt werden.

Eine weitere Möglichkeit, das Gehaltssystem zu attraktiveren, ist die Idee, Schlüsselmitarbeiter und Führungskräfte zu Mitgesellschaftern zu machen. Zusätzlich stärkt diese Möglichkeit die Bindung und Identifikation mit dem Unternehmen enorm. Ist es mittels dieses Modells dann schließlich das eigene. Ob die Anteile als Bonus für Loyalität und Leistung verschenkt werden oder sich für das System qualifizierte Mitarbeiter einkaufen können, bleibt zu diskutieren.

Auch die Co-Finanzierung von langfristig attraktivem Wohnraum ist sowohl für andauernde Bindung als auch Gehalt ein wertvoller Ansatz. Hochwertiger Wohnraum in der Region kann von Mitarbeitern und Unternehmern co-finanziert werden, zum Beispiel im Rahmen von Miet-Kaufmodellen. So werden dafür qualifizierte Schlüsselkräfte eingeladen, sich in der Region tatsächlich häuslich niederzulassen und statt in Personalunterkünften im eigenen Wohnraum zu leben, durchaus auch mit der gesamten Familie.

Weiterführende Literatur
- Brückner, F. (2023). Erfolgsfaktor Mitarbeiter-Benefits: 44 Ideen mit Praxistipps für Arbeitgeber und Arbeitnehmer. Springer Gabler, Wiesbaden.
- Sass, E. (2019). Mitarbeitermotivation, Mitarbeiterbindung. Was erwarten Arbeitnehmer? Springer Gabler, Wiesbaden.
- Steiner, E. & Landes, M. (2017). Leistungsorientierte Vergütung: Anreizsysteme wirkungsvoll gestalten. Haufe Lexware, Freiburg.
- Willenbacher, P. (2017). Die Gestaltung unternehmerischer Anreizsysteme aus verhaltenswissenschaftlicher Perspektive. Springer Fachmedien, Wiesbaden.

3.2.2 Arbeitszeitmodelle

Arbeitszeit ist Lebenszeit. Folglich sollten wir sie so gestalten, dass sie unseren Mitarbeitern guttut. Wie die gesetzlichen Arbeitszeitvorschriften unterliegen auch die tatsächlichen Einsatzzeiten im Tourismus laufendem Wandel. Wir erleben eine kontinuierliche Anpassung an die sich rasch verändernden Bedürfnisse und Anforderungen – in der Gesellschaft sowie in Unternehmen. Fest steht, dass Arbeitgeber,

3.2 Gehaltssysteme und Arbeitszeitmodelle

die flexible, innovative und zielgruppenoptimierte Arbeitszeitmodelle anbieten, einen nicht zu unterschätzenden Wettbewerbsvorteil genießen. Ein Eingehen auf individuelle Bedürfnisse im Sinne der Arbeitszeit steigert die Mitarbeiterzufriedenheit, senkt damit Fluktuations- und Ausfallkosten und steigert Produktivität und Motivation.

Von Work-Life-Balance, jahrelang ein viel diskutiertes Thema, ist keine Rede mehr. Work-Life-Blending ist das Modell der Stunde. Flexible und variable Arbeitszeiten, Privates und die Arbeit vermischen sich zu einem großen Ganzen – dem Leben. Es wird nicht mehr in Arbeits- und Freizeitsegmente unterteilt, sondern beides in einem ganzheitlichen Ansatz integriert und vereint. Das Work-Life-Blending oder auch die Work-Life-Integration sind zukunftsweisende Modelle, welche Arbeit nicht als separaten Bestandteil sehen, sondern diese integrativ mit dem Leben an sich verbinden.

Was für viele ein Trend ist, ist aus meiner Sicht im Tourismus seit jeher gelebte Praxis. Man arbeitet manchmal früh, zuweilen spät, an Feiertagen und an Wochenenden und hat ebenso variabel und azyklisch frei. Dazwischen ist Freizeit. Auch diese spielt sich, unter anderem dank Benefits wie kostenloser Spa- und Fitnessraumnutzung sowie Verpflegung und Personalunterkünften in der Nähe oder gar im Haus, für viele Ihrer Mitarbeiter auch im und um das Unternehmen ab. In den meisten Fällen gemeinsam mit den Kollegen. Ob der Tourismus bei der Work-Life-Balance so punkten konnte oder kann, sei dahingestellt, bei der Verschmelzung von Arbeits- und Privatleben sind wir als Branche jedoch gut dabei. Inwiefern dieses Attribut als Benefit oder attraktives Arbeitszeitmodell angesehen wird, hängt stark vom individuellen Mitarbeiter ab.

Ob ein Arbeitszeitmodell als attraktiv wahrgenommen wird, hängt mitunter sehr stark von der Lebensphase des jeweiligen Mitarbeiters ab. Individualität lautet auch hier das Zauberwort für Erfolg. Was Ihr Employer Branding stärkt und Mitarbeiter glücklich macht, lässt Ihre Personalverantwortlichen, das Lohnbüro und Führungskräfte mitunter verzweifeln. Der Arbeitsaufwand, den individualisierte Arbeitszeitmodelle mit sich bringen, darf nicht unterschätzt werden. Gleiches gilt umgekehrt allerdings auch für die Relevanz dieser Flexibilität für die Zukunft. Digitale Tools zur Zeiterfassung und -verwaltung sind für Arbeitgeber, die individuelle Modelle anbieten, ein Muss.

Eine allgemeine Umstellung auf die vielfach diskutierte und angepriesene Vier-Tage-Woche mag zwar im Employer Branding erstmal Klicks und Aufmerksamkeit bringen, hat sich in der Praxis allerdings (noch) wenig durchgesetzt. Ein Blick hinter die Motive unserer Mitarbeiter im Tourismus lohnt sich. Wie bereits erwähnt, ist die individuelle Betrachtung von Lebensphasen und -umständen der Schlüssel zum Erfolg. So ist einem Mitarbeiter mit einem rund 300 km entfernten

Wohnsitz vielleicht geholfen, wenn er einen Tag pro Woche mehr frei hat. Eine Heimreise für drei (oder geblockt sechs) Tage lohnt sich, für zwei Tage vielleicht eher weniger. Ein Mitarbeiter aus dem Ausland, der für eine Saison zum Geldverdienen kommt und beispielsweise in der Zwischensaison zu Hause weiter an seinem Traumhaus arbeitet, möchte erfahrungsgemäß primär Geld verdienen und weniger freie Tage genießen. Bedenken Sie also beim Angebot von Arbeitszeitmodellen immer die Lebensphasen und -umstände Ihres Teams. So kann die individuelle Anpassung von Dienstzeiten an die Zeiten der öffentlichen Verkehrsmittel, welche Ihre Mitarbeiter nutzen, zwar viel Aufwand bedeuten, jedoch von unschätzbarem Wert für manche Mitarbeiter sein. Ein Zeichen der Wertschätzung, das jedenfalls zu Loyalität und Bindung beitragen kann.

Daneben spielt auch klassische Teilzeitarbeit, betrachtet im Sinne von Stunden und Tagen, eine immer größere Rolle. Die Gründe dafür sind so unterschiedlich wie Ihr Team. Kinder- oder Angehörigenbetreuung und ein Übergang zur Pensionierung waren lange die einzigen Gründe für Teilzeitarbeit. Heute gelten auch externe, umfangreichere Weiterbildungen, eine eigene Selbstständigkeit nebenher, Wiedereingliederung nach längerer Auszeit oder Krankheit und zum Beispiel die Priorisierung von Lebenszeit vs. Arbeitszeit als gute Gründe, um in Teilzeit zu arbeiten. Sinn und Orientierung der Tätigkeit an eigenen Werten gewinnen zunehmend an Bedeutung. Je mehr Sie als Arbeitgeber dieses Bedürfnis Ihres Teams erfüllen können, desto höher ist die Wahrscheinlichkeit, dass die volle Arbeitsleistung für Ihr Unternehmen erfolgt.

Der Tourismus ist ein klassisches Dienstleistungsgewerbe, das von den Gastgeberqualitäten und der Professionalität im direkten Kontakt mit den Gästen lebt. Homeoffice ist daher in den seltensten Fällen möglich. Klassische Beispiele, wo die Arbeit bei entsprechender Struktur auch von daheim gelingen kann, sind unter anderem die Reservierungsabteilung oder das Marketing. Ortsunabhängigkeit kann hier vielleicht möglich gemacht werden, Zeitunabhängigkeit allerdings nur in Ausnahmefällen.

Es obliegt Ihnen als Unternehmer, ob Sie Homeoffice oder gar Remote Work von überall auf der Welt erlauben und fördern. Ich empfehle, eine klare Richtlinie und entsprechende Rahmenbedingungen für alle Mitarbeiter zu etablieren und keine Einzelfallregelung zuzulassen. Meistens tut man sich damit langfristig nichts Gutes und dem vermeintlich bevorzugten Mitarbeiter auch nicht.

Im Fall, dass Sie Homeoffice und Remote Work anbieten und ermöglichen, gilt es zu klären, welche Investitionen zu tätigen sind. Es bedarf gewisser Hard- und Software sowie in manchen Fällen auch ergonomischer Ausstattung für den Arbeitsplatz daheim, außerdem fallen zumeist Einrichtungs- und Set-up-Kosten

3.2 Gehaltssysteme und Arbeitszeitmodelle

an. Bedenken Sie auch möglicherweise anfallenden Mehraufwand an administrativen Kosten für zum Beispiel vermehrten Kommunikationsaufwand und Arbeitszeiterfassung.

Die Pandemie hat uns gelehrt, dass Zusammenarbeit ohne physische Präsenz durchaus erfolgreich gelingen kann. Erfolgsfaktoren dafür sind der Zusammenhalt im Team, entsprechende Strukturen, Prozesse und Abstimmungs- und Austauschtermine sowie die persönlichen Voraussetzungen des jeweiligen Mitarbeiters. Homeoffice und Remote Work funktionieren dann, wenn ein Mitarbeiter ausgezeichnet organisiert und intrinsisch motiviert ist und eigenständig arbeiten kann und will. Es gibt Beispiele aus der Praxis, wo sich Mitarbeiter Homeoffice-Tage erkämpft haben, die sie dann nicht genutzt haben. Allein in den eigenen vier Wänden vor sich hin zu arbeiten, ohne Team und kurzen, formlosen Austausch dazwischen, ohne gewohnte und immer schicker und cooler werdende Büro-Infrastruktur und stattdessen mit dem Piepsen der Waschmaschine dazwischen, ist nicht jedermanns und jederfraus Sache. Ich empfehle, nach der Einführung in allen Fällen regelmäßig den Austausch zu suchen, um die Auswirkungen dieser Arbeitsmodelle sowohl auf das Unternehmen, die Ergebnisse und die Arbeitsqualität als auch auf die Mitarbeiter zu beobachten.

Co-Leadership und Jobsharing

Co-Leadership und Jobsharing sind zwei innovative Modelle, die zunehmend an Bedeutung gewinnen. Sie bieten flexible Lösungen, um die Lebensqualität zu verbessern und gleichzeitig die Effizienz und Kreativität im Unternehmen zu steigern.

Co-Leadership beschreibt ein Führungsmodell, bei dem sich zwei Personen die Verantwortung für eine Führungsposition teilen. Beide teilen sich nicht nur die Aufgaben, sondern auch die Entscheidungsgewalt und die Verantwortung für ihr Team oder ihre Abteilung. Dieses Modell erfordert enge Zusammenarbeit, klare Kommunikation und ein hohes Maß an Vertrauen zwischen den Co-Leadern.

Jobsharing geht über die Führungsebene hinaus und bezieht sich auf ein Arbeitsmodell, bei dem sich zwei (oder mehr) Mitarbeiter eine Vollzeitstelle teilen. Die Arbeitszeit und die Aufgaben werden dabei in der Regel aufgeteilt, sodass jeder Mitarbeiter für einen bestimmten Zeitraum die Verantwortung für bestimmte Aufgaben übernimmt.

Folgende Vorteile bieten diese Modelle unter anderem:

- **Erhöhte Flexibilität und Lebensqualität**
  Im Tourismus sind die Arbeitszeiten oft unregelmäßig und stressig. Co-Leadership und Jobsharing bieten die Möglichkeit, diese Belastungen auf mehrere Schultern zu verteilen.

- **Diversität und Innovationskraft**
  Durch die Zusammenarbeit von zwei Führungspersonen mit unterschiedlichen Stärken und Perspektiven kann Co-Leadership zu einer stärkeren Innovationskraft führen. Unterschiedliche Sichtweisen und Ansätze können kreative Lösungen für Probleme hervorbringen.
- **Risikominimierung und Kontinuität**
  Wenn sich zwei Personen eine Führungsposition teilen, wird das Risiko, dass wichtige Entscheidungen aufgrund von Abwesenheiten oder Belastungsspitzen verzögert werden, minimiert. Zudem sorgt die kontinuierliche Präsenz von mindestens einem der Co-Leader für Stabilität und kontinuierliche Betreuung des Teams.
- **Talentförderung und -bindung**
  Jobsharing und Co-Leadership können besonders für talentierte Mitarbeiter attraktiv sein, die nicht in Vollzeit arbeiten können oder wollen, aber dennoch in verantwortungsvollen Positionen tätig sein möchten. Dies kann die Mitarbeiterbindung stärken und gleichzeitig kann das Potenzial von Führungskräften besser genutzt werden.

Neben den Vorteilen gibt es auch einige Herausforderungen, denen man proaktiv und professionell begegnen sollte:

- **Kommunikationsaufwand**
  Ein potenzieller Nachteil dieser Modelle ist der erhöhte Kommunikationsaufwand. Insbesondere bei Co-Leadership kann es schwierig sein, eine einheitliche Linie zu wahren, wenn die beiden Führungskräfte nicht perfekt aufeinander abgestimmt sind. Missverständnisse und unterschiedliche Entscheidungsansätze können die Effektivität beeinträchtigen. Eine bedachte und professionelle Auswahl der beiden Führungskräfte ist also Voraussetzung für das Gelingen des Modells.
- **Höhere Kosten und Organisationsaufwand**
  Jobsharing und Co-Leadership erfordern möglicherweise mehr Ressourcen, um die zusätzlichen Kommunikations- und Abstimmungsprozesse zu managen. Auch könnte es zu höheren Personalkosten kommen, wenn zwei Personen für eine Position eingeplant werden müssen.
- **Entscheidungsträgheit**
  Wenn Entscheidungen gemeinsam getroffen werden müssen, kann dies zu Verzögerungen führen, besonders wenn es zu Meinungsverschiedenheiten kommt. Hier sollte von Vornhinein klar besprochen sein, wer welche Entscheidungen allein treffen darf und wie gemeinsamer Konsens auch in Abwesenheit einer

3.2 Gehaltssysteme und Arbeitszeitmodelle

Führungskraft bestmöglich hergestellt werden kann, ohne die Freizeit des anderen zu beeinträchtigen.
- **Verantwortungsteilung und Rollenklärung**
Die Aufteilung der Verantwortung kann in der Praxis zu Unklarheiten führen. Es ist wichtig, dass klare Regelungen und Absprachen getroffen werden, um Konflikte zu vermeiden und sicherzustellen, dass beide Partner ihre Rollen und Zuständigkeiten klar verstehen und die Gefahr des Abwälzens von Unliebsamem auf den jeweils anderen gebannt wird.

Attraktiv sind solche Modelle in erster Linie für Führungskräfte, die Flexibilität suchen. Sei es einerseits aus einer privaten Situation heraus, beispielsweise Eltern von kleineren Kindern oder pflegebedürftigen Angehörigen, oder aufgrund eines Studiums oder einer anderen beruflichen Verpflichtung, zum Beispiel einer Landwirtschaft. Gleichzeitig können auch Nachwuchstalente vom Teilen mit erfahrenen Kollegen profitieren. Frische Perspektiven treffen auf fundierte Erfahrung. Der Erfolg setzt eine entsprechende Bereitschaft und Offenheit auf beiden Seiten voraus. Das Modell kann auch sinnvoll sein, um Kollegen in den Ruhestand zu verabschieden und eine gute mittel- bis langfristige Übergabe sicherzustellen.

Weniger passend sind diese Modelle für Unternehmen mit rigiden Strukturen und dem Wunsch, traditionelle Hierarchien und Zugänge beizubehalten. Auch Menschen, die sich mit der manchmal notwendigen Kompromissfindung eher schwertun, sind in Co-Leadership oder Jobsharing-Positionen nicht gut aufgehoben.

Co-Leadership und Jobsharing sind moderne und bereichernde Modelle, die viele wertvolle Vorteile bieten können. Sie fördern Lebensqualität, steigern die Kreativität und Innovation und bieten Unternehmen die Möglichkeit, eine breitere Vielfalt an Talenten zu binden. Dennoch erfordern diese Modelle eine sorgfältige Planung, klare Kommunikation und eine Unternehmenskultur, die Zusammenarbeit und Offenheit unterstützt. In der richtigen Umgebung und für die richtigen Personen können diese Modelle erhebliche Vorteile bringen und zur Verbesserung der Arbeits- und Lebensqualität und Effizienz beitragen.

Ihre persönlichen Reflexionsfragen

- Ist mein Angebot an Benefits zeitgemäß, individualisierbar und an die tatsächlichen Bedürfnisse und Lebensphasen meines Teams angepasst?
- Wie könnte ich unsere Benefits und die dahinterliegenden Systeme für alle Seiten attraktiver gestalten?
- Welches Potenzial erkenne ich im Hinblick auf die Verwaltung von Benefits? Wer könnte mich bei der Nutzung dieses Potenzials unterstützen?

- Gibt es ungenutztes Potenzial, unsere Arbeitszeitmodelle an die Bedürfnisse unserer Mitarbeiter anzupassen? Wie könnten Lösungen in der Praxis aussehen?
- Für welche Positionen im Haus, auch vielleicht im Hinblick auf die Nachfolgeplanung, wäre Co-Leadership eine mögliche Option? Welche Schritte könnte ich hierfür unternehmen?

Weiterführende Literatur
- Hellert, U. (2022). Arbeitszeitgestaltung – welche Arbeitszeitmodelle passen für wen? In: Arbeitszeitmodelle der Zukunft. Haufe, München.
- Junghans, S. & Schönitz, J. (2023). Co-Leadership: Jobsharing als Antwort auf eine veränderte Arbeitswelt. Franz Vahlen, München.

3.3 Erfolgsfaktor Unternehmenskultur

3.3.1 Unternehmenskultur und ihre Bedeutung

Die Unternehmenskultur ist ein wesentlicher Faktor des Erfolgs Ihres Unternehmens. Eine positive und starke Unternehmenskultur ist entscheidend, um sich im Wettbewerbsumfeld zu behaupten und die Mitarbeiterzufriedenheit sowie -bindung zu fördern. Unternehmenskultur bezeichnet die gemeinsamen Werte, Normen und Überzeugungen, die das Verhalten und die Entscheidungen der Mitarbeiter in einem Unternehmen prägen. Sie manifestiert sich in der Art und Weise, wie Mitarbeiter untereinander und mit externen Stakeholdern und Partnern interagieren, sowie in den grundlegenden Annahmen und Praktiken, die im Unternehmen vorherrschen. Besonders stark wird Unternehmenskultur von der Haltung, den Entscheidungen und Überzeugungen der Führungskräfte beeinflusst.

Zentrale Bestandteile einer Unternehmenskultur sind:

- **Werte und Normen**: Grundlegende Prinzipien, auf denen Verhalten und die Entscheidungen im Unternehmen basieren.
- **Rituale und Traditionen**: Regelmäßige Aktivitäten und Ereignisse, die den Zusammenhalt und die Identifikation mit dem Unternehmen fördern.
- **Kommunikation**: Die Art und Weise, wie Informationen im Unternehmen weitergegeben, ausgetauscht und Entscheidungen kommuniziert werden.

Kommunikation und tatsächlich gelebte Praxis der anderen Bestandteile einer Unternehmenskultur formen diese nachhaltig.
- **Führung**: Der Führungsstil und das Verhalten der Führungskräfte, sowohl untereinander als auch in Interaktion mit dem Team und der Unternehmensführung (Schein, 2018).

Eine positive und starke Unternehmenskultur hat zahlreiche Vorteile für Ihr Unternehmen. Eine positive Unternehmenskultur fördert die Zufriedenheit und Loyalität der Mitarbeiter, was die Fluktuation reduziert und somit Kosten für Employer Branding, Recruiting und Onboarding verringert. Mitarbeiter, die sich mit der Unternehmenskultur identifizieren, sind motivierter und leistungsfähiger und erbringen eine bessere Dienstleistung für Ihre Gäste. Eine Kultur, die Kreativität, lebenslanges Lernen und Offenheit fördert, kann die Innovationsfähigkeit Ihres Unternehmens steigern. Eine positive Unternehmenskultur trägt außerdem zur guten Reputation Ihres Unternehmens bei, was die Attraktivität für potenzielle Mitarbeiter und Gäste erhöht.

3.3.2 Trends im Bereich der Unternehmenskultur

Unternehmen stehen vor der Herausforderung, proaktiv eine Unternehmenskultur zu gestalten, welche die Bedürfnisse ihrer Mitarbeiter in den Mittelpunkt stellt. Die Entwicklung der Generationen, die Covid-Pandemie und andere Einflussfaktoren haben die Wahrnehmung und Bedürfnisse der Arbeitnehmer hinsichtlich Unternehmenskulturen grundlegend verändert. Die Einbeziehung aktueller Trends auf diesem Gebiet in die Gestaltung Ihrer Unternehmenskultur kann wesentlich zu Ihrer Zukunftsfähigkeit als Arbeitgeber beitragen.

- **Flexibilität und Agilität**
  In einer sich schnell verändernden Branche mit sich rasch verändernden Ansprüchen aller Stakeholder gewinnen Flexibilität und Agilität zunehmend an Bedeutung. Unternehmen profitieren von einer Kultur, die Veränderungen positiv gegenübersteht und die Anpassungsfähigkeit der Mitarbeiter fördert.
- **Inklusion und Diversität**
  Eine inklusive und diverse Unternehmenskultur, die Unterschiede nicht nur akzeptiert, sondern auch wertschätzt und fördert, bietet eine Perspektivenvielfalt und entsprechendes Innovationspotenzial.

- **Nachhaltigkeit und soziale Verantwortung**
  Unternehmen, die Nachhaltigkeit und soziale Verantwortung in ihre Kultur integrieren, können nicht nur ihr Image verbessern, sondern auch langfristig wirtschaftlich profitieren. Dies schließt sowohl umweltfreundliche Praktiken als auch das soziale Engagement in der Region und dem Team an sich mit ein.
- **Partizipativer Führungsstil und Co-Creation**
  Mitarbeiterbeteiligung und -partizipation werden immer wichtiger. Unternehmen, die ihre Mitarbeiter in Entscheidungsprozesse und Visionsumsetzung einbeziehen und deren Feedback wertschätzen, schaffen ein Gefühl der nachhaltigen Zugehörigkeit, Gemeinsamkeit und erhöhen die Mitarbeitermotivation sowie die eigene Innovationskraft. Laut einer Umfrage von Gallup (2022) sind Mitarbeiter, die das Gefühl haben, dass ihre Stimme im Unternehmen zählt, 4,6-mal eher bereit, ihre beste Leistung zu erbringen. Dies ist besonders ausgeprägt bei den jüngeren Generationen.

3.3.3 Aufbau und Pflege einer positiven Unternehmenskultur

Die Unternehmenskultur ist ein zentraler Erfolgsfaktor für KMUs. Sie beeinflusst nicht nur die Zufriedenheit und Produktivität der Mitarbeiter, sondern auch die Innovationskraft und Wettbewerbsfähigkeit des Unternehmens. Durch eine bewusste Gestaltung und Pflege der Unternehmenskultur können KMUs ein positives Arbeitsumfeld schaffen, das langfristigen Erfolg und Wachstum ermöglicht. Eine starke Unternehmenskultur ist somit kein Luxus, sondern eine Notwendigkeit in der modernen Geschäftswelt.

- **Vision und Werte definieren**
  Der erste Schritt zum Aufbau einer starken Unternehmenskultur besteht darin, eine klare Vision und gemeinsame Werte zu definieren. Diese sollten authentisch sein und vom Führungsteam vorgelebt werden. Eine Vision wird bestenfalls vom Unternehmer selbst stark geprägt, wohingegen die Werte als Co-Creation aus dem Team heraus entstehen sollten. Erfolgsentscheidend sind in Folge die finale Kommunikation der Werte und das gemeinsame Erarbeiten der Bedeutung und individuellen Umsetzung in der täglichen Praxis. Dies kann zuerst im Führungsteam und anschließend in den Teams erfolgen oder durchaus auch abteilungsbezogen. Wichtig sind ein gemeinsames Commitment aller im Hinblick auf die Werte und eine fundierte Idee, wie die Werte im Alltag erlebbar und fühlbar gemacht werden. Sämtliche Prozesse, Abläufe und Kommunikations-

3.3 Erfolgsfaktor Unternehmenskultur

wege in Ihrem Unternehmen sollen stimmig zu den Werten geplant und gelebt werden. Tipp: Überprüfen Sie das regelmäßig! Wenig ist sinnloser und auch demotivierender als tagelange Workshops zu Werten und Unternehmenskultur, wenn die erarbeiteten Ideen dann auf dem Flipchart ihr Ende finden oder in der Praxis gegenteilig gelebt werden. Um eine Marke glaubwürdig und nachhaltig vertreten und leben zu können, bedarf es einer intensiven Auseinandersetzung mit eben diesen Werten und Versprechen.

- **Kommunikation und Transparenz**
Eine offene, strukturierte und transparente Kommunikation ist entscheidend, um Vertrauen aufzubauen und die Unternehmenskultur zu stärken. Regelmäßige Meetings, Feedback-Runden und transparente Entscheidungsprozesse fördern das Gemeinschaftsgefühl und prägen Ihre Unternehmenskultur wie wenige andere Faktoren. Schlechte Kommunikation und mangelnde Transparenz sind klassische Vorwürfe, die Unternehmen und Führungskräften seitens Teams gemacht werden. Beugen Sie hier vor, indem Sie der internen Kommunikation mindestens so viel Aufmerksamkeit in Design und Umsetzung schenken wie der externen Kommunikation.

Ein Praxisbeispiel könnte hier sein, dass es halbjährlich einen „Tag der offenen Bürotür" bei der Geschäftsführung oder dem Eigentümer gibt, wo sämtliche Mitarbeiter die Möglichkeit haben, einzutreten und Fragen zu stellen, in Austausch zu gehen oder sich bestenfalls vielleicht auch einfach zu bedanken.

- **Wertschätzung und Individualität**
Anerkennung und Wertschätzung sind essenzielle Bestandteile einer positiven Unternehmenskultur. Mitarbeiter, die regelmäßig für ihre Leistungen und ihr Engagement gewürdigt werden, sind motivierter und loyaler. Würdigung muss keinesfalls immer monetärer Natur sein, sondern kann auch durch ein ordentlich ausgesprochenes und formuliertes Lob erfolgen. Das positive Miteinander und in gewisser Hinsicht aufeinander Schauen ist im Erfolgsfall hierarchiefrei und nicht an die eigene Abteilung gebunden.

3.3.4 Lebensqualität als Wert in der Unternehmenskultur

3.3.4.1 Lebenszeit und Gesundheit

In Abschn. 3.2.2 zum Thema Arbeitszeitmodelle habe ich schon angedeutet, dass die Lebenszeit und damit verbundene Lebensqualität immer mehr Relevanz erlangt. Ging man früher arbeiten, um zu leben, gestaltet sich dieses Werteverständnis heutzutage differenziert. So können zum Beispiel zusätzliche Urlaubstage ein attraktiver Anreiz sein, je nachdem, ob der individuelle Fokus aktuell rein auf dem

Geldverdienen oder durchaus auch auf Balance oder eigenen Prioritäten und Projekten liegt. Eine erhöhte Anzahl an Urlaubstagen kann sowohl zur Steigerung der Lebensqualität als auch in gewissen Lebenssituationen, wie zum Beispiel während des Hausbauens, eine sinnvolle Möglichkeit sein, Mitarbeiter zu binden und zu begeistern.

Auch der Wert von Gesundheit, physisch und psychisch, wird zunehmend bereits in jungen Jahren erkannt und entsprechend in den Vordergrund gerückt. Nicht umsonst weist das Zukunftsinstitut (2024) Gesundheit als Megatrend aus. Zahlreiche Untersuchungen und Studien belegen außerdem, dass Arbeit und die damit verbundenen Umstände uns Menschen krank machen können. Abgesehen von Burn-out lassen sich beispielsweise auch Schlafstörungen, Schlaganfälle, Magen-Darm-Beschwerden, Rücken- und Gelenkschmerzen und Herzinfarkte in zahlreichen Fällen auf Arbeitsbedingungen zurückführen (Wissenschaftliches Institut der AOK, 2023). Schlechte und unprofessionelle Employee Experience kann sich also definitiv auf die Gesundheit Ihres Teams auswirken.

Unsere Gesundheit ist unser höchstes Gut – diese Redewendung wird bestenfalls auch Handlungsmaxime in der Definition und Umsetzung der Employee Experience in Ihrem Unternehmen. Sowohl physische als auch psychische Gesundheit sollen leitende Aspekte in Ihrer Mitarbeiterführung und den damit verbundenen Prozessen und Gegebenheiten sein. Ihr Team verbringt, der eine mehr, der andere weniger, viel Lebenszeit in Ihrem Unternehmen und entsprechend muss Lebensqualität für das Team ein Leuchtturm im Unternehmertum sein. Exzellente Dienstleistung braucht exzellente Mitarbeiter. Hinzu kommt der Kostenfaktor, der sowohl Ihrem Unternehmen als auch der Gesellschaft als Ganzes durch kranke Personen entsteht. Die physische und psychische Gesundheit wird nicht nur für die neuen Generationen immer wichtiger. Als wettbewerbsfähiger Arbeitgeber sollten Sie Gesundheits- und Wellnessangebote integrieren, die über traditionelle Angebote hinausgehen. Dies kann Fitnessprogramme, mentale Gesundheitsförderung, gesunde Ernährung am Arbeitsplatz oder Stressmanagement umfassen.

Im Hinblick auf eine gute Einschätzung der Gesundheit Ihres Teams und auch der tatsächlichen Produktivität empfehle ich, die Ausfalltage statistisch zu verfassen. Diese können pro einzelnem Mitarbeiter, durchschnittlich pro Mitarbeiter unternehmensweit oder pro Mitarbeiter und Abteilung erfasst werden. Auch eine Aufschlüsselung nach Hierarchieebene und Altersgruppen sowie Betriebszugehörigkeit kann sinnvoll und erkenntnisreich sein. Bei den Abwesenheiten sind Aus- und Weiterbildungstage abzuziehen.

Ein Best-Practice-Beispiel, bei dem Lebensqualität für die Mitarbeiter großgeschrieben wird, ist das Konzept des Employee-Life-Coach der Alpenhaus Hotels und Resorts mit Hauptsitz in Kaprun, Österreich. Das Programm, Beats4Life genannt, umfasst unter anderem wöchentliche Workout-Programme, Workshops in den Bereichen Resilienz und Ernährung und gemeinsame Wanderungen und Skitouren. Auch die organisierten Stammtische leisten einen wertvollen Beitrag zur Vernetzung des Teams und ermöglichen auch neu zugezogenen Teammitgliedern eine erste Gemeinschaft außerhalb der Arbeit. Zusätzlich unterstützt und begleitet der Coach auch bei Behördenwegen und dem Onboarding, sei es bei der Anmeldung auf der zuständigen Gemeinde oder dem Ankommen und Einfinden in der jeweiligen Region.

3.3.4.2 Verpflegung und Aufenthaltsräume

Oft übersehene, aber wesentliche Aspekte der Mitarbeiterzufriedenheit sind die Gestaltung der Aufenthaltsräume und Arbeitsplätze sowie die Qualität der Verpflegung für die Mitarbeiter. Diese Faktoren haben nicht nur unmittelbare Auswirkungen auf das Wohlbefinden der Mitarbeiter, sondern auch auf ihre Lebensqualität insgesamt.

Aufenthaltsräume sind weit mehr als nur Pausenräume. Sie sind Rückzugsorte, an denen Mitarbeiter sich regenerieren, entspannen und neue Energie tanken können. Eine durchdachte Gestaltung dieser Räume kann daher einen erheblichen Einfluss auf die Zufriedenheit der Mitarbeiter, deren Gesundheit und auch deren Teamzusammenhalt und in Folge sogar optimierter Zusammenarbeit haben. Bequeme Möbel, ausreichend Platz und eine angenehme, saubere Atmosphäre tragen wesentlich zum Wohlbefinden bei. Ein gut gestalteter Aufenthaltsraum mit bedachter Farb- und Beleuchtungswahl kann das Stresslevel der Mitarbeiter reduzieren und die allgemeine Stimmung verbessern. Bereiche zum Essen, zum Austausch und zur Vernetzung, zum Ausruhen, zum Lernen und zum Spielen runden ein optimales Angebot ab. Bestenfalls gibt es auch attraktive Optionen, (kurze) Pausen an der frischen Luft zu verbringen.

Ein Best-Practice-Beispiel ist hier der Mitarbeiter-Campus im Hotel Forsthofgut. Integriert in das Hotel findet man hier unter anderem eine Bar, ein DJ-Pult, einen Billardtisch, eine Bibliothek, Seminarräume und ein eigenes Mitarbeiterrestaurant mit eigener Mitarbeiterküche. Alles hochwertig, modern und auf dem neuesten Stand der Technik eingerichtet und ausgestattet.

Die Arbeitsplätze sollten, sofern möglich, ergonomisch gestaltet sein, mit ausreichend Licht, guter Belüftung und Platz. Ein Büroarbeitsplatz in einem notdürftig vom Gesamtraumkonzept abgezweigten Kämmerchen ist in Hotellerie und Gastronomie leider immer noch eher die Regel als die Ausnahme, jedoch keinesfalls mehr zeitgemäß.

Die Qualität der Verpflegung ist ein weiterer wichtiger Aspekt, der direkten Einfluss auf die Mitarbeiterzufriedenheit hat. Gute Verpflegung bedeutet nicht nur, dass die Mitarbeiter ausreichend ernährt werden, sondern auch, dass sie gesund und zufrieden sind. Eine ausgewogene und gesunde Ernährung trägt zur physischen und psychischen Gesundheit der Mitarbeiter bei. Frisches Obst, Gemüse und gesunde Snacks können helfen, den Energiepegel hoch und die Stimmung stabil zu halten. Eine abwechslungsreiche Speisekarte, die verschiedene Ernährungsbedürfnisse berücksichtigt, zeigt, dass das Unternehmen die unterschiedlichen Bedürfnisse und Vorlieben seiner Mitarbeiter respektiert. Vegetarische, vegane und allergikerfreundliche Optionen sind mittlerweile keine Innovation mehr, sondern werden vorausgesetzt. Die Qualität der zubereiteten Mahlzeiten kann die Zufriedenheit der Mitarbeiter erheblich beeinflussen. Eine hohe Qualität in der Verpflegung zeigt Wertschätzung und trägt zu einer positiven Unternehmenskultur bei.

Insgesamt ist es wichtig, dass Tourismusbetriebe die Bedeutung von gut gestalteten Aufenthaltsräumen und hochwertiger Verpflegung erkennen. Diese Aspekte tragen nicht nur zur direkten Mitarbeiterzufriedenheit bei, sondern auch zur langfristigen Lebensqualität und Leistungsfähigkeit der Mitarbeiter. Durch Investitionen in diese Bereiche können Unternehmen nicht nur die Arbeitsatmosphäre verbessern, sondern auch die Mitarbeiterbindung stärken und letztlich ihren eigenen Erfolg sichern.

Ihre persönlichen Reflexionsfragen

- Ist mir der mögliche Zusammenhang von Unternehmenskultur und Dienstleistungsqualität bewusst? Welche Schlüsse kann ich für mein Unternehmen daraus ziehen?
- Trägt die Gestaltung unserer Mitarbeiterbereiche, Arbeitsplätze und Menüs zu einer positiven Unternehmenskultur entsprechend unserer Werte bei? Welchen Beitrag kann ich hier noch leisten?
- Bin ich stolz, wenn ich neuen Kollegen, meiner Familie und meinen Freunden unsere Büros und Mitarbeiterbereiche zeige?
- Welche Angebote habe ich implementiert, um die Gesundheit und Einsatzfähigkeit meines Teams sicherzustellen und zu fördern? Was kann ich hier noch besser machen?
- Wann nehme ich mir nächste Woche Zeit, um mich bewusst mit dem Thema Unternehmenskultur in der Theorie auseinanderzusetzen, um weitere wertvolle Ideen für die praktische Umsetzung zu generieren?

Weiterführende Literatur
- Bösl, S. & Werner, D. B. (2024). Trust-Centric Leadership – vertrauensvolle Führungsbeziehungen im Tourismus. In: Chang, C., Gardini, M.A., Werther, S. (Hrsg.) New Work, Leadership und Human Resources Management im Tourismus. Springer Gabler, Wiesbaden.

3.4 Erfolgsfaktor Kommunikation

Professionelle und regelmäßige Kommunikation gepaart mit emotionaler Intelligenz sind Erfolgsfaktoren für die Mitarbeiterbindung und -zufriedenheit. Transparente und ehrliche Kommunikation ist das Fundament für wirksame Zusammenarbeit. In der Employee Experience ist Kommunikation ein zentraler Faktor, da sie das Arbeitsklima prägt und den Aufbau von Vertrauen und Engagement ermöglicht. Kommunikation spielt eine Schlüsselrolle bei der Förderung von Vielfalt und Inklusion im Unternehmen. Eine bewusste und respektvolle Kommunikation trägt dazu bei, ein Arbeitsumfeld zu schaffen, in dem alle Mitarbeiter wertgeschätzt und einbezogen werden. Dies erfordert Schulungen und Bewusstsein für kulturelle und persönliche Unterschiede (zum Beispiel Generationenzugehörigkeit, mentale Gesundheit, Stresstoleranz und Resilienz, beruflicher Hintergrund) sowie die Förderung eines offenen Dialogs. Eine inklusive Kommunikation unterstützt die Vielfalt der Perspektiven und trägt zu einem kreativeren, produktiveren und gesünderen Team bei. Gewährleisten Sie, dass in jeglichen Gesprächssituationen eine persönlich wertschätzende Basis besteht. Nur so können auch schwierige Gesprächssituationen und Konflikte professionell und nachhaltig gut gemeistert werden.

Interne Kommunikation, insbesondere Führungskommunikation, ist entscheidend für die Zufriedenheit und Motivation der Mitarbeiter. Führungskräfte sollen authentisch und transparent kommunizieren, um Vertrauen aufzubauen, Effizienz zu gewährleisten und ihre Teams zu inspirieren. Eine offene Feedback-Kultur, in der sowohl Lob als auch konstruktive Kritik geteilt werden, stärkt das Engagement der Mitarbeiter und trägt zur kontinuierlichen Verbesserung bei. Effektive Führungskommunikation fördert zudem ein positives Arbeitsumfeld und erhöht die Loyalität der Mitarbeiter. Gelungene Kommunikation setzt voraus, dass Ihr Führungsteam über die entsprechenden Werkzeuge und Erfahrung verfügt. Bieten Sie Trainings und 1:1-Coachings an, um theoretische Modelle mit Fragen und Fällen aus der Praxis zu kombinieren und für alle Persönlichkeiten eine gute

Ausgangsbasis für die Gesprächsführung zu schaffen. Ähnliches gilt für die Kommunikation im Team gesamt. Geben Sie Ihrem Team Werkzeuge an die Hand, wie sie wirksam und professionell miteinander kommunizieren können, stimmig zu Ihren Werten. Übung und Wissen in Kombination mit Persönlichkeitsentwicklung und Raum für Reflexion sind hier das Erfolgsrezept.

3.4.1 Interne Kommunikation

Die interne Kommunikation ist das Rückgrat eines jeden Unternehmens und spielt eine entscheidende Rolle für den reibungslosen Ablauf von Prozessen und die Förderung der Zusammenarbeit zwischen Abteilungen – beides starke Einflussfaktoren für die Unternehmenskultur und entsprechender Wirkfaktor für Zufriedenheit und Bindung. Durch den Einsatz geeigneter Kommunikationskanäle und -tools wie E-Mail, Intranet oder Team-Meetings kann die Effektivität der internen Kommunikation maximiert werden. Regelmäßige Bewertungen und Anpassungen der Kommunikationsstrategie sind notwendig, um Schwachstellen zu identifizieren und kontinuierliche Verbesserungen zu implementieren.

Eine professionelle interne Kommunikationsstruktur zeichnet sich auch durch ihre Regelmäßigkeit und Transparenz aus. Informationen sollten zeitnah, konsistent und klar über die allen bekannten Kanäle verbreitet werden, um Verwirrung und Missverständnisse zu vermeiden. Eine strukturierte Herangehensweise stellt sicher, dass wichtige Informationen sowohl von oben nach unten als auch von unten nach oben effizient und effektiv fließen, was zu einer besseren Entscheidungsfindung, einer stärkeren Mitarbeitereinbindung und letztlich zu einem erfolgreicheren Unternehmen führt.

Die fortschreitende Digitalisierung verändert die interne Kommunikation grundlegend. Moderne Tools ermöglichen schnellere und flexiblere Kommunikationswege, stellen aber auch neue Anforderungen an Datenschutz und IT-Sicherheit. Besonders im Kontext der zunehmenden Remote-Arbeit müssen Unternehmen Wege finden, die interne Kommunikation über digitale Plattformen effektiv zu gestalten.

Im internationalen Umfeld des Tourismus erfordert die interne Kommunikation Sensibilität für kulturelle Unterschiede im Hinblick auf Kommunikationsstile und -bedürfnisse und bestenfalls die Bereitstellung mehrsprachiger Informationen, um alle Mitarbeiter integrieren zu können. Eine weitere Herausforderung besteht darin, alle Mitarbeiter aktiv in die Kommunikation einzubeziehen, insbesondere diejenigen, die nicht regelmäßig an Schreibtischen arbeiten.

3.4 Erfolgsfaktor Kommunikation

Die Top-down-Kommunikation beschreibt den Informationsfluss von der Führungsebene zu den Mitarbeitern. Diese Form der Kommunikation dient der Weitergabe wichtiger Informationen, strategischer Ziele und Unternehmensrichtlinien.

Beispiele für Kanäle und Formate:

- **Interner E-Mail-Newsletter:** Regelmäßige Updates über Unternehmensentwicklungen, Mitarbeiterthemen und strategische Ziele
- **Intranet-Plattform:** Zentrale Anlaufstelle für offizielle Mitteilungen und Ressourcen
- **Unternehmensweite Meetings:** Regelmäßige Präsentationen und Frageruden, um über wichtige Entwicklungen zu informieren und Fragen aus dem Team zu beantworten
- **Videoansprachen:** Persönliche Botschaften der Führungsebene erfreuen sich immer größerer Beliebtheit und erhöhen die persönliche Note im Vergleich zu schriftlichen Informationen
- **Leitbilder und Handbücher:** Dokumentation von Unternehmensrichtlinien und Prozessen
- **Abteilungsleitermeetings:** Gemeinsam mit der Geschäftsführung, Direktion oder dem Eigentümer und in Folge Abteilungsmeetings, um top-down weiter in Richtung Team zu kommunizieren

Die klassische Top-down-Berichtslinie geht von der Geschäftsführung, dem Inhaber oder beispielsweise dem Hoteldirektor zu den Abteilungsleitern, von dort zu den Stellvertretern und Teamleitern und dann durch die Teamleiter weiter zu den Mitarbeitern. Je nach Organigramm im Haus können die Berichtslinien abweichen. Vergessen Sie Ihre Stabstellen nicht.

Die Bottom-up-Kommunikation ermöglicht es den Mitarbeitern, Informationen, Feedback und Ideen an die Führungsebene weiterzugeben.

Beispiele für Kanäle und Formate:

- **Mitarbeiterbefragungen:** Anonyme (oder auch nicht) Umfragen zur Sammlung von Feedback
- **Vorschlagswesen:** Strukturiertes Einreichen von Verbesserungsvorschlägen und bestenfalls Bearbeitung im Rahmen eines kontinuierlichen Verbesserungsprozesses
- **Mitarbeitergespräche und Feedbackgespräche sowie On-/Offboardinggespräche**

- **Mitarbeiter-Workshops:** Strukturierte Präsentation und Diskussion von Ideen zu vorgegebenen Themenschwerpunkten
- **Ideenboxen:** Anonyme oder offene Möglichkeiten für Mitarbeiter, kreative Ideen einzubringen
- **Abteilungsleiter- und Abteilungsmeetings:** Eine Bottom-up-Kommunikation sollte ermöglicht werden

Die Berichtslinie bottom-up geht vom Mitarbeiter zum Teamleiter, vom Teamleiter zum Abteilungsleiter und vom Abteilungsleiter zum Inhaber, der Geschäftsführung oder beispielsweise der Direktion. Definieren Sie auch die entsprechende Berichtslinie für Ihre Stabstellen. Wenngleich diese Berichtslinie sicherstellt, dass nur aggregierte und vermeintlich relevante Informationen und Vorschläge bis nach „ganz oben" kommen, birgt sie auch die Gefahr, dass so manche wertvolle Idee durch Vorselektion verlorengeht. Ich empfehle Ihnen also die Einrichtung eines Formates, welches eine direkte Kommunikation vom Team zur Geschäftsführungsebene (oder vergleichbar) ermöglicht. Unternehmensweite Meetings bieten sich für diese Art des moderierten Austausches mit fixiertem Zeitfenster gut an.

Bei Mitarbeiterbefragungen ist meine klare Maxime: „Weniger ist mehr." Überlegen Sie sich vorab eine klare Zielsetzung und überfordern Sie Ihr Team nicht mit elendslangen Befragungen, die dann ohne Follow-up und öffentliche Maßnahmenkataloge verpuffen. Besser, Sie machen mehrere niederschwellige Befragungen im Jahr, immer fokussiert auf ein bis zwei Themen. Kommunizieren Sie die Ergebnisse dann zeitnah intern, in Kombination mit Maßnahmen, Verantwortlichkeiten und Zeithorizonten. Nur so zeigen Sie, dass Ihnen das Feedback tatsächlich wichtig ist und eine Teilnahme an diesen Umfragen echten Mehrwert für Ihr Team bietet. Einige immer wiederkehrende Fragen schaffen außerdem eine valide Basis für Vergleiche und Entwicklungen bei Trends in gewissen Themenbereichen. So kann die Teamstimmung zum Beispiel mit der Führungskraft, aber auch vielleicht mit Saisonzeiten oder Kollegenausfällen zusammenhängen. In der Praxis empfehle ich regelmäßige, kurze Mitarbeiterbefragungen (zum Beispiel je Quartal), die drei bis fünf wiederkehrende Fragen beinhalten und zusätzlich immer einem anderen Thema gewidmet sind. Die Themen könnten beispielsweise die Benefits, Schulungsinhalte oder saisonal die Weihnachtsfeier betreffen.

Für klassische Meetings sollten immer vorab eine verbindliche Agenda und klare Zielsetzung definiert und kommuniziert werden. So können sich alle Teilnehmer vorbereiten und das Follow-up beim nächsten Meeting wird leichter und strukturierter. Außerdem müssen verbindliche Verantwortlichkeiten für die Protokollführung, die definierten Aufgaben und auch das Follow-up festgelegt werden. Aufgabenverteilung ohne Follow-up im nächsten Meeting (oder im Meeting entsprechend dem definierten Zeithorizont) sind der Klassiker der Ineffektivität.

3.4 Erfolgsfaktor Kommunikation

Pünktlichkeit, Vorbereitung, aktive Beteiligung am Meeting und respektvolles Miteinander sind Voraussetzung und gelten unbedingt auch für den, der das Meeting leitet. Nicht selten sitzen alle Abteilungsleiter am Meetingtisch und warten auf ihren Vorgesetzten. Sie wissen ja: Der Fisch fängt immer beim Kopf... (Sie kennen das Sprichwort nicht? Melden Sie sich gerne bei mir!)

Denken Sie neben den allseits bekannten und gängigen Agendapunkten auch an kreative Möglichkeiten, Ihre Meetings positiv aufzuwerten. Hier einige Vorschläge für etwas andere Agendapunkte:

- **Highlight der Woche – Erfolgsstory teilen**
  Jeder Teilnehmer wird gebeten, eine Erfolgsgeschichte oder ein positives Erlebnis aus der letzten Woche zu teilen, sei es ein erfolgreich umgesetztes Projekt, ein besonders motiviertes Teammitglied oder eine gelungene Zusammenarbeit zwischen Abteilungen. Dies fördert die Wertschätzung und schafft eine positive Atmosphäre. Im Zuge dessen kann beispielsweise auch das „Danke der Woche" an eine andere Abteilung oder ein Teammitglied ausgesprochen werden.
- **Innovations-Pitch – Kreative Ideen vorstellen**
  Teilnehmer erhalten die Gelegenheit, kreative Ideen oder neue Ansätze für Verbesserungen in ihrem Bereich oder im gesamten Unternehmen vorzustellen. Dies kann eine neue Marketingstrategie, ein Prozessoptimierungsvorschlag oder eine innovative Gästebindungsmaßnahme sein. Die anderen Teilnehmer geben Feedback und diskutieren die Machbarkeit und potenzielle Umsetzung. Man kann hier andenken, dass jeder Abteilungsleiter beispielsweise pro Jahr mindestens zwei Pitches halten muss, um das Denken und den Fokus in Richtung laufenden Fortschrittes zu lenken.
- **Team Spotlight – Einblicke in andere Abteilungen und Miteinander**
  Jeweils eine Abteilung stellt ihre aktuellen Projekte, Arbeitsweisen oder Herausforderungen vor. Dies fördert das Verständnis und die Zusammenarbeit zwischen den Abteilungen, indem es Einblicke in die tägliche Arbeit der Kollegen gibt und zum Austausch anregt. Für die Praxis empfehle ich, diesen Punkt zeitlich zu begrenzen und eventuell zu moderieren. Wenn Herausforderungen geteilt werden, kann auch mit dem Punkt „Dabei brauchen wir Unterstützung" geendet werden.
- **Wellbeing-Check-in – Persönliches Wohlbefinden**
  Bei kleineren Runden besteht die Möglichkeit, dass jeder Teilnehmer ganz kurz auf einer Skala von 1 bis 10 sein persönliches Wohlbefinden einordnet. Dann wird die Frage gestellt, was die Anwesenden tun können, um eine 10 oder zumindest eine Steigerung zu ermöglichen. Das fördert das Miteinander, den Zusammenhalt, auch auf persönlicher Ebene und macht das Bitten um Hilfe alltäglich statt schwer.

Diese Agendapunkte sollen das Meeting auflockern, den Austausch fördern und das Bewusstsein für die Zusammenarbeit sowie das Wohlbefinden im Team stärken. Sie bieten Raum für Kreativität, Anerkennung und einen offenen Dialog.

Neben den traditionellen Kommunikationswegen gibt es horizontale und informelle Kommunikationsmöglichkeiten, die den Austausch und die Zusammenarbeit fördern.

Horizontale Kommunikation können zum Beispiel abteilungsübergreifende Meetings sein. Das sind klassische Abteilungsleitermeeting. Sie fördern den Austausch, die Zusammenarbeit und bestenfalls auch das Miteinander und den Zusammenhalt im gesamten Unternehmen. Horizontal sind auch Projektgruppen, die abteilungsübergreifend arbeiten, um spezifische Ziele zu erreichen. Peer-to-Peer-Gruppen sind ebenfalls der horizontalen Kommunikation zugehörig. Peer-to-Peer-Gruppen sind Netzwerke oder Tools, die die Zusammenarbeit und den Wissensaustausch zwischen Mitarbeitern fördern. Der Einsatz ist unter anderem wertvoll, wenn es um die interne Weitergabe von neu gelerntem Wissen geht. Denken Sie bei der Implementierung von Weiterbildungssystemen daran.

In den Bereich der informellen Kommunikation fallen Chat-Plattformen. Sie unterstützen eine schnelle, informelle Kommunikation und einen unkomplizierten und raschen Austausch von nicht vertraulichen Informationen. Kaffeepausen und Teambuilding-Aktivitäten unterstützen auch die informelle Kommunikation, deren Wert nicht unterschätzt werden sollte. Eine gute Möglichkeit, den Austausch zwischen den Abteilungen und Hierarchien zu fördern und unterschiedlichste Menschen in Kontakt zu bringen, sind beispielsweise von der Personalabteilung organisierte wöchentliche Mittagstische. Die Teilnehmer (Anzahl stimmig zur Unternehmensgröße) werden aus dem Lostopf gezogen und so bunt zusammengewürfelt. Dieses Format bringt Menschen an den Tisch, die mehrheitlich sonst nicht zusammensitzen, und wirkt Wunder auf den internen Austausch und das Zusammengehörigkeitsgefühl. Es nimmt vielen auch die Scheu vor Weihnachtsfeiern und Sommerfesten, da sich auch außerhalb der Abteilung Menschen besser kennengelernt haben. Bestimmt finden Sie eine zu Ihrem Unternehmen stimmige Umsetzung für diese Idee.

Eine gut durchdachte und strukturierte interne Kommunikationsstrategie, die sowohl Top-down- als auch Bottom-up-Kommunikation sowie horizontale und informelle Kommunikation abdeckt, ist essenziell für den Erfolg Ihres Unternehmens. Durch regelmäßige, transparente und respektvolle Kommunikation können das Engagement und die Zufriedenheit der Mitarbeiter gesteigert werden. Effektive Meetings, die klar strukturiert, positiv besetzt und zielgerichtet sind, tragen entscheidend dazu bei, dass alle Beteiligten gerne teilnehmen und produktiv arbeiten.

3.4 Erfolgsfaktor Kommunikation

Gehen Sie gemeinsam mit Ihrem (Führungs-)Team folgende Schritte zur Implementierung einer professionellen internen Kommunikation:

1. **Bedarfsanalyse**
Zunächst führen Sie eine Analyse durch, um die Kommunikationsbedarfe im Unternehmen zu identifizieren. Dabei sollten die Präferenzen der Mitarbeiter und die spezifischen Anforderungen der verschiedenen Abteilungen berücksichtigt werden.
2. **Kommunikationsstrategie entwickeln**
Basierend auf der Analyse wird eine Kommunikationsstrategie entwickelt, die Ziele, Zielgruppen, Botschaften und Kanäle definiert. Diese Strategie sollte sowohl Top-down- als auch Bottom-up-Kommunikation berücksichtigen und bestenfalls durch horizontale und informelle Formate bereichert werden.
3. **Auswahl der Kommunikationsformate**
Die Auswahl geeigneter Formate ist entscheidend. Denken Sie bei der Auswahl an Ihre unterschiedlichen Zielgruppen und zeitlichen Ressourcen. Finden Sie für die Formate auch geeignete Abläufe oder Agenden und benennen Sie hauptverantwortliche Personen oder Moderatoren und Protokollführer, wenn sinnvoll.
4. **Implementierung der Kommunikationsmaßnahmen**
Die ausgewählten Formate werden eingeführt und regelmäßig genutzt. Dabei sollte der Fokus auf Konsistenz und Regelmäßigkeit liegen, um eine kontinuierliche Kommunikation zu gewährleisten.
5. **Evaluation und Anpassung**
Die Effektivität der Kommunikationsmaßnahmen sollte regelmäßig überprüft werden. Feedback von allen Beteiligten kann dabei helfen, die Strategie anzupassen und zu optimieren.

Im Optimalfall definieren Sie eine verantwortliche Stelle im Unternehmen, die sich der internen Kommunikation hinsichtlich Strategie, Schulung und Organisation annimmt.

Ihre persönlichen Reflexionsfragen

- Habe ich regelmäßige und strukturierte Top-down- und Bottom-up-Kommunikationsformate implementiert? Welche drei Schritte könnte ich gehen, um die Kommunikation in beide Richtungen weiter zu optimieren?
- Unterstütze ich den informellen Austausch in meinem Unternehmen?
- Passen meine Kommunikationsformate zu Bedarf und Zielgruppe? Woher weiß ich das?

- Haben meine Meetings eine (verschriftlichte) Agenda und ein Follow-up-System?
- Ist mir und meinem Team bewusst, welches Ziel mit unseren jeweiligen Meetings spezifisch und konkret verfolgt wird? Welches Meeting verfolgt welches Ziel? Wie spürt man das im Meeting?
- Wie kann ich meine Meetings noch interessanter, zielführender und professioneller gestalten?
- Sind mein Team und ich sowohl rhetorisch gut als auch aufmerksam im aktiven Zuhören? Wie können wir uns alle hier noch verbessern?

3.4.2 Konfliktkommunikation

Konflikte sind ein unvermeidlicher Bestandteil des Arbeitslebens, insbesondere in komplexen Unternehmensstrukturen. Unterschiedliche Meinungen, Prioritäten und Persönlichkeiten können zu Spannungen führen, die sowohl die zwischenmenschlichen Beziehungen als auch die Arbeitsleistung beeinflussen. Die Fähigkeit, Konflikte effektiv zu kommunizieren und zu lösen, ist daher eine zentrale Kompetenz für Führungskräfte und auch Mitarbeiter.

Konfliktkommunikation bezieht sich auf den Prozess des Umgangs mit Meinungsverschiedenheiten, um konstruktive Lösungen zu finden. In einem Unternehmen kann schlechte Konfliktkommunikation zu Missverständnissen, verminderter Mitarbeitermotivation bis hin zu innerer Kündigung und einer negativen Unternehmenskultur führen. Effektive Konfliktkommunikation hingegen kann Innovationen fördern, Beziehungen stärken und zu besseren Entscheidungen und Leistungen beitragen.

Konflikte können auf verschiedenen Ebenen und in unterschiedlichen Formen auftreten (von Rosenstiel, 2019):

- **Sachkonflikte**: Unterschiedliche Ansichten über Aufgaben, Strategien oder Ziele
- **Beziehungskonflikte**: Persönliche Unstimmigkeiten zwischen Individuen, oft geprägt von emotionalen Spannungen
- **Rollenkonflikte**: Unklarheiten oder Überschneidungen von Zuständigkeiten und Verantwortlichkeiten
- **Wertekonflikte**: Divergierende Grundüberzeugungen oder ethische Vorstellungen innerhalb des Teams

3.4 Erfolgsfaktor Kommunikation

Eine erfolgreiche Konfliktkommunikation erfordert spezifische Strategien, die sich an den Charakter des Konflikts und die beteiligten Personen anpassen lassen. Folgende Punkte können in jedem Fall helfen:

- **Offene und klare Kommunikation**
  Transparenz und Klarheit in der Kommunikation sind wesentlich, um Missverständnisse zu vermeiden. Es ist wichtig, Fakten sachlich darzustellen und die eigenen Erwartungen offen und wertschätzend zu kommunizieren, um eine gemeinsame Basis für Austausch auf Augenhöhe und Dialog zu schaffen.
- **Aktives Zuhören**
  Konzentrieren Sie sich auf Ihr Gegenüber, indem Sie Augenkontakt halten und Ablenkungen wie Smartphones, Unterbrechungen oder Computer vermeiden. Bestätigen Sie das Gesagte durch Nicken oder kurze verbale Rückmeldungen wie „Ja" oder „Verstehe", um zu zeigen, dass Sie aufmerksam sind. Unterbrechen Sie Ihr Gegenüber hingegen nicht durch eigene Meinungen und eine möglicherweise bereits vorhandene Antwort oder Reaktion. Wiederholen Sie in eigenen Worten, was die Person gesagt hat, um sicherzustellen, dass Sie die Botschaft richtig verstanden haben. Stellen Sie bei Bedarf konkrete, klärende Fragen. Zeigen Sie Empathie, indem Sie die Emotionen des Sprechers anerkennen und darauf eingehen, zum Beispiel mit Sätzen wie „Das klingt wirklich herausfordernd." Achten Sie auf nonverbale Signale wie Tonfall, Mimik und Körperhaltung, um die volle Bedeutung der Botschaft zu erfassen. Geben Sie Raum für Pausen und Stille, auch wenn es schwerfällt, damit der Sprecher nachdenken und seine Gedanken ordnen kann. Fassen Sie das Gehörte am Ende zusammen, um sicherzustellen, dass beide Parteien das gleiche Verständnis haben und weitere Schritte klar sind.
- **Emotionale Intelligenz**
  Die Fähigkeit, eigene und fremde Emotionen wahrzunehmen und angemessen darauf zu reagieren, ist in Konfliktsituationen von zentraler Bedeutung. Emotionale Intelligenz hilft dabei, Konflikte zu deeskalieren und konstruktive Lösungen zu finden. Emotionale Intelligenz kann wesentlich durch die eigene Persönlichkeitsentwicklung unterstützt werden. Investition in beispielsweise entsprechendes Coaching sind immer auch eine langfristige Investition in Ihre Unternehmenskultur und alle damit verbundenen Themen.
- **Lösungsorientierung**
  Anstatt sich auf Probleme zu konzentrieren, sollten die Beteiligten nach gemeinsamen Lösungen suchen. Dies fördert eine kooperative Haltung und ermöglicht es, den Konflikt in einen positiven Prozess der Problemlösung zu verwandeln. Verabschieden Sie sich von der Schuldfrage und konzentrieren Sie

sich auf die Lösung und künftige Vermeidung gegebenenfalls ähnlicher Situationen.
- **Externe Mediation**
In manchen Fällen ist es hilfreich, auf einen externen Mediator oder Coach zurückzugreifen. Er kann unterstützen, einen Kompromiss, eine faire Lösung und einen Weg zu finden, der für alle Parteien akzeptabel ist. Eine neutrale, externe Person erleichtert die Kommunikation von verhärteten Konfliktfronten mit starken persönlichen Befindlichkeiten.

Als Unternehmer und Führungskraft ist es Ihre Aufgabe, ein Umfeld zu schaffen, in dem Konflikte offen angesprochen und konstruktiv bearbeitet werden können. Konfliktkommunikation ist ein wesentlicher Bestandteil von Unternehmenskultur und Employee Experience. Indem Führungskräfte und Mitarbeiter lernen und eingeladen sind, Konflikte offen und konstruktiv zu kommunizieren, tragen sie zu einem positiven Arbeitsklima bei und fördern die langfristige Produktivität und Zufriedenheit im Unternehmen.

> **Ihre persönlichen Reflexionsfragen**
>
> - Was ist meine persönliche Haltung in Konflikten? Löse ich diese proaktiv und professionell oder drücke ich mich lieber davor? Warum?
> - Welche Maßnahme kann ich umsetzen, um die Konfliktkommunikation in unserem Team zu optimieren?
> - Gibt es aktuell Konflikte im Team, zu deren Lösung ich beitragen könnte? Wie?

3.4.3 Mitarbeitergespräche

3.4.3.1 Feedback, Lob und Feedforward

Feedback und Feedforward sind zentrale Elemente einer effektiven Kommunikation und Mitarbeiterentwicklung sowie einer positiven Kultur in modernen Unternehmen. Während Feedback den Blick in die Vergangenheit richtet und vergangenes Verhalten oder Ergebnisse bespricht oder anerkennt, konzentriert sich Feedforward auf zukünftige Handlungen und bietet konstruktive Empfehlungen und Orientierung für die Weiterentwicklung. Im Optimalfall haben alle drei Methoden ihren Platz im Unternehmensalltag und ergänzen sich ideal, um eine kontinuierliche Weiterentwicklung sowohl Ihres Teams als auch des Unternehmens an sich zu fördern und Motivation und Stimmung zu stärken. Bedenken Sie, dass transparente und klare Kommunikation ein großes Zeichen von Wertschätzung und Respekt darstellt.

Umsetzung von Feedback und Lob in der Praxis
Feedback ist ein bekanntes und bewährtes Instrument, um Ihrem Team Rückmeldung zu ihrer Leistung, ihrem Verhalten und ihren Ergebnissen zu geben. Dies kann sowohl konstruktive Kritik als auch Lob beinhalten. Letzteres wird im Berufsalltag oftmals vergessen. Loben ist mehr als nur eine freundliche Geste – es ist ein mächtiges Instrument der Mitarbeiterführung und Motivation. In einer Unternehmenskultur, die auf Wertschätzung und Anerkennung basiert, kann Lob das Engagement, die Zufriedenheit und die Produktivität der Mitarbeitenden erheblich steigern. Lob wirkt sich direkt auf das Selbstwertgefühl und die Motivation von Mitarbeitenden aus und begünstigt eine positive Unternehmenskultur. Es bestätigt, dass die individuellen Anstrengungen und Leistungen gesehen und geschätzt werden. Dadurch fühlen sich Mitarbeitende in ihrer Arbeit bestärkt und motiviert, weiterhin ihr Bestes zu geben. Lob fördert nicht nur individuelles Wohlbefinden, sondern stärkt auch das Vertrauen und die Bindung zwischen Führungskraft und Mitarbeiter. Letzteres gilt auch für professionelles Feedback und konstruktiv gelöste Konflikte. Umgekehrt können unsachgemäßes Feedback oder unklare Feedforward-Anweisungen zu Missverständnissen und Konflikten führen, die die Zusammenarbeit beeinträchtigen. Zu häufiges oder unangemessenes Feedback und Feedforward kann außerdem zu einer Überforderung bei manchen Mitarbeitern führen und demotivieren. Alle drei Gesprächsformen setzen sowohl theoretisches Wissen als auch Sicherheit in der praktischen Umsetzung und emotionale Intelligenz voraus. Entsprechende Trainingsformate und Coachings können hierbei gut und wertvoll unterstützen.

Um Feedback erfolgreich umzusetzen, sollten folgende Prinzipien beachtet werden:

- **Konstruktiv und situations- oder ergebnisbezogen**
  Feedback sollte stets darauf abzielen, das Verhalten zu verbessern und nicht bloß, es zu kritisieren oder zu loben und zur Beibehaltung zu motivieren. Es sollte klar, spezifisch und fokussiert auf das beobachtete, konkrete Verhalten oder Ergebnis bezogen sein. Anstatt allgemeines Lob wie „Gute Arbeit!" auszusprechen, sollte Lob (sowie auch Kritik) spezifisch sein. Ein Beispiel kann sein: „Ich schätze sehr, wie du das Event mit so viel Sorgfalt und Detailgenauigkeit organisiert und erfolgreich durchgeführt hast." So zeigen Sie, dass Leistung tatsächlich wahrgenommen wird. Lob muss immer aufrichtig sein. Mitarbeitende

erkennen, wenn Lob unaufrichtig ist, was das Vertrauen untergraben kann. Authentisches Lob zeigt, dass die Führungskraft die Arbeit des Mitarbeiters wirklich wertschätzt.

- **Regelmäßigkeit und Kontinuität**
Anstatt nur auf jährliche Mitarbeitergespräche zu warten, sollte Feedback regelmäßig und zeitnah zur Beobachtung gegeben werden. Dies hilft Mitarbeitenden, sich kontinuierlich weiterzuentwickeln und Probleme frühzeitig zu erkennen und zu adressieren und hält im Falle von Lob die Motivation und Stimmung hoch. Kann das Ereignis direkt mit dem Lob verbunden werden, wird die positive Verstärkung unterstützt. Implementieren Sie zusätzlich auch zumindest Quartalstermine, in denen Feedback in beide Richtungen und in ungestörtem Rahmen, abseits der Operative, ausgetauscht werden kann.
- **Zwei-Wege-Kommunikation**
Feedback sollte nicht nur einseitig erfolgen. Mitarbeitende sollten die Möglichkeit haben, ihre Perspektive darzulegen und auf das Feedback zu reagieren, vor allem im Falle von konstruktiver Kritik. Dies fördert einen offenen Dialog und stärkt das gegenseitige Verständnis. Bieten Sie entsprechende Kurzschulungen an, sodass sowohl Ihre Führungskräfte als auch Ihr Team einen professionellen und entspannten Umgang mit Feedback pflegen können.
- **Kontextualisierung**
Feedback muss im richtigen Kontext gegeben werden. Es sollte an einem geeigneten Ort und in einer angemessenen Atmosphäre stattfinden, um sicherzustellen, dass es konstruktiv aufgenommen wird. Ob Sie den Satz „Loben vor dem Team, kritisieren immer unter vier Augen" für sich als richtig erachten, sei Ihnen überlassen. Bedenken Sie, nicht jeder reagiert auf Lob und konstruktives Feedback gleich. Es ist wichtig zu wissen, wie Mitarbeitende am besten Anerkennung und Feedback erhalten – ob öffentlich vor dem Team oder eher im persönlichen Gespräch. Führungskräfte sollten bei der Feedbackgabe jedenfalls auf die emotionale Verfassung des Mitarbeiters achten und mit Empathie und Sensibilität vorgehen.

Nicht nur auf Feedback vom Vorgesetzten, sondern auf eine ganzheitliche Perspektive setzt das sogenannte **360-Grad-Feedback**. Diese Methode integriert Feedback von Vorgesetzten, Kollegen, Mitarbeitern und manchmal auch von Gästen, um ein umfassenderes Bild der Leistung und des Verhaltens eines Mitarbeiters zu erhalten. In der touristischen Praxis wird diese Methode jedoch selten angewandt. Gleiches gilt für die Möglichkeit, anonym Feedback für Kollegen und Vorgesetzte zu hinterlassen.

3.4 Erfolgsfaktor Kommunikation

Die **SAG-ES-Methode** (Schmidt, 2008) ist eine einfache und effektive Methode, um konstruktives Feedback und Lob auszusprechen. Diese Methode hilft dabei, präzise, verständlich und motivierend zu formulieren. Sie besteht aus vier Schritten plus Schlussfolgerung, die „SAG ES" als Akronym formen:

- **S – Situation beschreiben**
  Beginnen Sie damit, die Situation, auf die das Lob bezogen ist, klar und konkret zu beschreiben. Erläutern Sie, wann und wo die gelobte Handlung stattgefunden hat. Dies hilft, den Kontext zu setzen, und zeigt, dass Sie das Verhalten genau und tatsächlich beobachtet haben.
- **A – Aktion beschreiben**
  Beschreiben Sie die spezifische Aktion oder das Verhalten, das Sie loben möchten. Achten Sie darauf, konkrete Handlungen zu nennen, damit der Empfänger genau versteht, wofür er gelobt wird.
- **G – Gefühl ausdrücken**
  Teilen Sie offen mit, welche positiven Gefühle das beobachtete Verhalten bei Ihnen ausgelöst hat. Dies kann zeigen, warum die Aktion für Sie, das Team oder das Unternehmen wertvoll war.
- **E – Ergebnis hervorheben**
  Beschreiben Sie, welches positive Ergebnis oder welchen positiven Effekt die Aktion hatte. Das zeigt dem Mitarbeiter, dass seine Handlung eine Bedeutung und einen positiven Einfluss hatte und das Lob entsprechend ernst zu nehmen ist.
- **S – Schlussfolgerung**

Abschließend können Sie darauf eingehen, was das für die Zukunft bedeutet, oder den Mitarbeiter ermutigen, dieses Verhalten fortzusetzen.
Hier ist ein Beispiel für ein Lob in der Hotellerie, das nach der SAG-ES-Methode formuliert ist:

Beispiel: Die SAG-ES-Methode in der Praxis:

- **Situation:** „Als wir gestern Abend eine große Gruppe von Gästen zur Hochzeitsfeier empfangen haben, war die Lobby voll und der offizielle Empfang hat sich verzögert."
- **Aktion:** „Du hast eigenständig angeboten, die Gäste mit Getränken und kleinen Snacks zu versorgen, obwohl das nicht ursprünglich in deinem Aufgabenbereich lag."
- **Gefühl:** „Das hat mich sehr beeindruckt, denn du hast in einer stressigen Situation Ruhe bewahrt, ausgezeichnet mit der Schnittstelle Küche gearbeitet

und den Gästen ein Gefühl von besonderer Aufmerksamkeit und Gastfreundschaft vermittelt."
- **Ergebnis:** „Dank deines Engagements haben sich die Gäste von Anfang an wohlgefühlt, und wir haben sehr positive Rückmeldungen erhalten. Das hat unseren guten Ruf weiter gestärkt."
- **Schlussfolgerung:** „Ich würde mich freuen, wenn du diese Initiative und Gastfreundschaft auch in Zukunft in ähnliche Situationen einbringst. Es zeigt, wie sehr du dich um das Wohl unserer Gäste kümmerst und wie wichtig du für unser Team bist." ◄

Diese Methode stellt sicher, dass Lob nicht nur allgemein und vage bleibt, sondern spezifisch und motivierend ist, wodurch es seine Wirkung voll entfalten kann. Eine ähnliche Methode ist die 3-W-Methode, sie beschreibt die konkrete Wahrnehmung, die Wirkung des Verhaltens und einen entsprechenden Wunsch für die Zukunft. Da diese Vorgehensweise kürzer ist und die Gefühlsebene auslässt, tun sich manche Führungskräfte damit etwas leichter.

Umsetzung von Feedforward in der Praxis

Feedforward ist ein proaktiver Ansatz, der sich auf zukünftige Verhaltensweisen und Maßnahmen konzentriert. Hier einige Strategien zur effektiven Implementierung:

- **Zukunftsorientierte Gespräche:** Im Gegensatz zum Feedback, das oft auf vergangene Ereignisse fokussiert ist, sollte Feedforward in die Zukunft blicken und konkrete Vorschläge geben, wie Mitarbeitende ihre Fähigkeiten und Verhaltensweisen weiterentwickeln können, zukünftige Ziele besser erreichen oder ihre Dienstleistung optimieren können.
- **Positive Verstärkung:** Feedforward sollte positive Aspekte hervorheben und auf Stärken aufbauen. Dies motiviert Mitarbeitende, an ihrer Entwicklung zu arbeiten und gibt ihnen ein klares Bild davon, wie sie ihre Potenziale ausschöpfen können.
- **Gemeinsame Zielsetzung:** Beim Feedforward geht es darum, gemeinsam mit dem Mitarbeitenden Ziele zu setzen und Wege zu definieren, wie diese erreicht werden können. Dies stärkt das Engagement und die Eigenverantwortung des Mitarbeiters. Mitarbeitende sollten aktiv in den Feedforward-Prozess eingebunden werden, indem sie eigene Vorschläge und Ideen für ihre Weiterentwicklung und Ziele einbringen.

3.4 Erfolgsfaktor Kommunikation

Zeitgemäße Methoden inkludieren beispielsweise die Kombination von Feedback mit entsprechendem Coaching, Mentoring oder Training on the Job und ergänzend Feedforward, um die persönliche Entwicklung und Zielerreichung noch fundierter voranzutreiben. Einige Unternehmen nutzen auch gamifizierte Ansätze, um Feedback und Feedforward spannender und motivierender zu gestalten. Belohnungen, Ranglisten oder spielerische Herausforderungen können den Prozess dynamischer und attraktiver machen. Auch Workshops, bei denen Feedforward im Team gegeben wird, erfreuen sich immer größerer Beliebtheit. Diese kollaborative Umgebung fördert den Austausch von Ideen und stärkt die gemeinsame Zielsetzung und den Zusammenhalt.

Ein praxisnaher und leicht verständlicher Ansatz für diese kurzen Gespräche während der laufenden Operative sind die Eine-Minute-Gespräche. Das Konzept stammt aus dem Management-Ansatz des „One Minute Manager" von Kenneth Blanchard und Spencer Johnson. Diese Konzepte sind darauf ausgerichtet, Führungskräften zu ermöglichen, ihre Mitarbeiter schnell und effektiv zu führen, indem sie kurze, prägnante und zielgerichtete Kommunikationsmethoden verwenden. Der Fokus liegt auf einer schnellen, klaren und direkten Kommunikation, die in einer Minute stattfinden kann. Entsprechende Rhetorik und Geschick in der Gesprächsführung vorausgesetzt. Begleitet werden können diese Gespräche von den sogenannten Eine-Minute-Zielvereinbarungen. Die vereinbarten Ziele werden so formuliert, dass sie in weniger als einer Minute gelesen und verstanden werden können. Sie sollten wie gewohnt die SMART-Kriterien (spezifisch, messbar, attraktiv, realistisch, terminiert) erfüllen (Mai, 2024). Durch die Einfachheit und Klarheit der Zielsetzung wird sichergestellt, dass der Mitarbeiter genau weiß, was von ihm erwartet wird, auch trotz vielleicht vorhandener Sprachbarrieren, die im Tourismus durchaus üblich sein können (Blanchard & Johnson, 2015).

Feedback, Lob und Feedforward sind unverzichtbare Werkzeuge im modernen Unternehmensmanagement, die sich ergänzen und zusammen eine starke Grundlage für persönliche und organisatorische Entwicklung bieten. Eine gut durchdachte Implementierung, die auf emotionaler Intelligenz, theoretischem Wissen um die drei Tools „Feedback", „Lob" und „Feedforward", Klarheit und Zukunftsorientierung basiert, stärkt eine positive Employee Experience enorm.

Ihre persönlichen Reflexionsfragen

- Welche drei Mitarbeiter haben sich ein Lob verdient? Wie kann ich es stimmig zur Theorie aussprechen? Wann mache ich das?
- Gibt es aktuell ein Thema, bei dem ich die SAG-ES-Methode gleich ausprobieren kann?

- Wie kann ich den Ansatz von Feedback, Feedforward und Eine-Minute-Gesprächen gleich professionell umsetzen? Was sind meine ersten drei Schritte dazu und wann setze ich diese um?

3.4.3.2 Jahresgespräche und Zielvereinbarungsgespräche

Mitarbeiterjahresgespräche und Zielvereinbarungsgespräche sind essenzielle Instrumente des modernen Employee Experience Managements, die dazu dienen, die Leistungen und die Zufriedenheit der Mitarbeiter zu maximieren sowie die strategischen Ziele des Unternehmens effizient umzusetzen. Dennoch handelt es sich in den meisten Unternehmen um einen von der Personalabteilung angeordneten, zeitraubenden Termin ohne größeren Wert. Die zur Verfügung gestellten – oft seitenlangen – Protokolle werden nicht genutzt oder landen nach den Gesprächen niemals in der Personalabteilung zur Erfassung, Ablage und Weiterbearbeitung. Ein strukturierter, zeitgemäßer und methodischer Ansatz in diesen Gesprächen ist somit entscheidend, um sowohl die individuelle als auch die organisationale Weiterentwicklung tatsächlich und nachhaltig zu fördern und ein Win-win in dem Gespräch erkennbar zu machen. Mein Appell ist: Weg von einer gefühlten Audienz und lästigen Pflicht, hin zu wertvollem und wertschätzendem Austausch. So kurz wie möglich, so lange wie nötig.

Mitarbeiterjahresgespräche bieten eine wertvolle Gelegenheit für Führungskräfte, gemeinsam mit ihren Mitarbeitern eine fundierte Rückschau auf das vergangene Jahr zu halten, Erfolge zu würdigen, Herausforderungen zu analysieren und Perspektiven für die Zukunft zu entwickeln. Dabei ist es von zentraler Bedeutung, einen dialogorientierten Ansatz zu verfolgen, der auf gegenseitigem Vertrauen und Offenheit basiert. Kenntnisse und Erfahrung in allen Facetten der Gesprächsführung sind Voraussetzung. Im Optimalfall auf beiden Seiten, mindestens jedoch auf Seiten der Führungskraft. Eine kontinuierliche und individualisierte Weiterentwicklung der Gesprächsmethodiken, Kommunikationsstärke und der Führungsqualitäten der beteiligten Führungskräfte ist entscheidend, um den größtmöglichen Nutzen aus diesen Gesprächen zu ziehen.

Beide Seiten sollten ein ehrliches Interesse am Gespräch haben und dessen Wertigkeit erkennen und es nicht als lästigen oder gar beängstigenden Pflichttermin sehen. Wenn Sie das Gefühl haben, dass etwas davon zutrifft, gehen Sie der Ursache, bei Ihnen oder dem Mitarbeiter, unbedingt auf den Grund. Werden Sie aktiv und verlassen Sie diese für alle unbefriedigende und durchaus auch demotivierende Situation. Werden Sie aktiv und schaffen Sie Jahresgespräche ganz ab. Ersetzen Sie diese durch professionelle und geplante Feedbackgespräche einmal im Quartal, anstatt dass Sie in dieser Misere verharren. Alternativ können Sie Jahresgespräche auch als wichtigen Teil des Employee Experience Designs sehen

3.4 Erfolgsfaktor Kommunikation

und entsprechend gestalten und implementieren. Eine kritische Auseinandersetzung mit den Jahresgesprächen in Ihrem Unternehmen ist jedenfalls zu empfehlen.

Dass während eines Gesprächs, egal ob Feedback, Jahresgespräch oder Zielgespräch, weder Nachrichten getippt noch Telefonate angenommen werden, sei noch mal am Rande erwähnt. Mancherorts scheint dies nach wie vor gängige Praxis und geht meist einher mit der anschließenden Feststellung, dass diese Gespräche nichts von Wert bringen. In dem Fall stimme ich zu.

Die Rolle der Führungskraft ist hierbei nicht nur die des Evaluators, sondern bestenfalls vielmehr die eines Coaches, der die Potenziale des Mitarbeiters erkennt und fördert. Durch gezieltes Feedback und die Identifikation individueller Entwicklungsfelder können maßgeschneiderte Weiterbildungsmaßnahmen und Karrierewege definiert werden, die sowohl den Mitarbeiter motivieren als auch die langfristigen Unternehmensziele unterstützen.

Zielvereinbarungsgespräche sind ein wirkungsvolles Mittel, um die Unternehmensstrategie in konkrete, messbare Ziele auf der Mitarbeiterebene zu übersetzen und die Motivation sowie Selbstverantwortung des Mitarbeiters zu steigern. Die Kunst liegt darin, Ziele zu definieren, die einerseits ambitioniert und andererseits realistisch und erreichbar sind. Klassische SMART-Kriterien dienen hierbei als bewährter Leitfaden zur Formulierung der gemeinsam vereinbarten Ziele.

Ein gut durchgeführtes Zielvereinbarungsgespräch stellt sicher, dass der Mitarbeiter die strategische Relevanz seiner individuellen Ziele versteht und sich mit ihnen identifiziert. Darüber hinaus sollten die Ziele so gestaltet sein, dass sie nicht nur die operative Leistung fördern, sondern auch Innovationen und die persönliche Weiterentwicklung des Mitarbeiters unterstützen. Um die Glaubwürdigkeit dieser Gespräche und Vereinbarungen zu stärken und zu sichern, sollen die Ziele regelmäßig gemeinsam überprüft werden, um sicherzustellen, dass der Mitarbeiter auf dem richtigen Weg ist oder Anpassungen rechtzeitig vorgenommen werden können.

Wenngleich diese Herangehensweise eher aus dem klassischen Lebenscoaching kommt, kann ich es durchaus empfehlen, Ziele mit Emotionen zu verknüpfen. Der Perspektivenwechsel fühlt sich vielleicht eigenartig aus, kann jedoch zu großen Erfolgen führen. Statt nur SMARTE Ziele zu definieren, finden Sie gemeinsam mit dem Mitarbeiter auch Antworten auf Fragen wie: „Wie wirst du dich fühlen, wenn du auf das Ziel hinarbeitest, die Maßnahmen umsetzt und das Ziel erreichst?" und „Welche Art von Person bist du, wenn du so agierst?". Ziele und damit verbundene Emotionen müssen als Leuchttürme fungieren, um wirklich Motivation und Disziplin in der Umsetzung zu erreichen.

Für das Gelingen von Mitarbeiterjahresgesprächen und Zielvereinbarungsgesprächen ist eine sorgfältige Vorbereitung unerlässlich. Führungskräfte sollten über die notwendigen Daten und Fakten verfügen, um fundierte Entscheidungen treffen und konstruktive Rückmeldungen geben zu können. Darüber hinaus sollten klare Rahmenbedingungen etabliert werden, um sicherzustellen, dass die Gespräche in einem respektvollen und produktiven Rahmen stattfinden. Nur durch Kontrolle und Beobachtung können Erfolge entstehen und entsprechend gewürdigt und wertgeschätzt werden.

Regelmäßige Feedbackschleifen während des Jahres sind ebenfalls ein kritischer Erfolgsfaktor. Sie ermöglichen es, den Fortschritt der Zielerreichung zu überwachen und gegebenenfalls Anpassungen vorzunehmen, um auf veränderte Rahmenbedingungen flexibel reagieren zu können. Ein Mitarbeitergespräch pro Jahr ist für nachhaltigen Erfolg und daraus resultierende motivierende Erfolgserlebnisse zu wenig.

Sieben-Schritte-Guide für gelungene Mitarbeiterjahresgespräche
1. **Frühzeitige Terminplanung**
   - Zeitfenster festlegen: Legen Sie den Zeitraum für die Gespräche frühzeitig fest, idealerweise einige Monate im Voraus, um sicherzustellen, dass ausreichend Zeit für Vorbereitung auf beiden Seiten und Durchführung zur Verfügung steht.
   - Einladungen verschicken: Versenden Sie formelle Einladungen an die Mitarbeiter mit klaren Angaben zu Datum, Uhrzeit und Ort oder zumindest Treffpunkt für das Gespräch. Informieren Sie auch über die Agenda, die Erwartungen an das Gespräch und Empfehlungen zur Vorbereitung auf Seite des Mitarbeiters. Im Optimalfall bieten Sie Ihrem Team die Möglichkeit, ein Coaching oder einen Workshop zur Vorbereitung in Anspruch zu nehmen.
2. **Durchdachte Vorbereitung**
   - Leistungsdaten sammeln: Analysieren Sie die Leistungen des Mitarbeiters im vergangenen Jahr anhand bereits vereinbarter Ziele, Projektergebnisse, eigener Beobachtungen und Feedback von Kollegen und Gästen.
   - Selbsteinschätzung anfordern: Bitten Sie den Mitarbeiter, im Zuge seiner Vorbereitung eine Selbsteinschätzung zu erstellen, um seine Perspektive auf das vergangene Jahr einzubeziehen und zu verstehen.
   - Ziele und Entwicklungsbedarf identifizieren: Überlegen und definieren Sie im Vorfeld, welche Ziele für den Mitarbeiter im kommenden

Jahr sinnvoll sind, wo Entwicklungsbedarf besteht und wie sowohl Sie als Führungskraft als auch das Unternehmen und der Mitarbeiter zur individuellen Zielerreichung beitragen können.

3. **Gesprächsrahmen definieren**
   - Agenda festlegen: Strukturieren Sie das Gespräch in thematische Blöcke (zum Beispiel Rückblick, Zielsetzung, Weiterentwicklung, offene Fragen).
   - Angenehmes Umfeld schaffen: Wählen Sie einen ruhigen, störungsfreien Raum und sorgen Sie für eine entspannte Atmosphäre, um ein offenes Gespräch zu fördern. Denken Sie hier out of the box! Ein Mitarbeitergespräch muss nicht immer in einem Büro oder – worst case – in der Lobby Ihres Hotels stattfinden. Machen Sie gemeinsam eine kleine Wanderung oder führen Sie die Gespräche an einem anderen, schönen Ort, außerhalb Ihres Unternehmens.

4. **Gespräch konstruktiv führen**
   - Rückblick auf das vergangene Jahr: Besprechen Sie die Leistungen des Mitarbeiters offen und ehrlich, loben Sie Erfolge und zeigen Sie Entwicklungspotenziale auf. Geben Sie dem Mitarbeiter die Gelegenheit, Fragen zu stellen oder Bedenken zu äußern. Klären Sie Unklarheiten und schaffen Sie Transparenz.
   - Ziele für die Zukunft setzen: Formulieren Sie gemeinsam mit dem Mitarbeiter klare, messbare und realistische Ziele für das kommende Jahr, die sowohl persönliche Entwicklung als auch Unternehmensziele berücksichtigen.
   - Entwicklungsmaßnahmen festlegen: Identifizieren Sie Schulungs-, Weiterbildungs- und Begleitungsbedarf und planen Sie konkrete Maßnahmen zur Förderung der Kompetenzen des Mitarbeiters.
   - Kurz und konstruktiv: Im Gegensatz zu seitenlangen Protokollen in Papierform bewähren sich in der Praxis mittlerweile sehr kurze Leitfäden für Mitarbeiterjahresgespräche. Neben den drei vorigen Punkten können Sie beispielsweise noch aktiv nach drei konkreten Vorschlägen zur Verbesserung des Unternehmens oder der Abteilung fragen und Raum für Fragen des Mitarbeiters geben. Eine beliebte Frage von Führungskräften ist auch: „Von welcher Frage hätten Sie sich gewünscht, dass ich sie Ihnen noch stelle?"

5. **Dokumentation des Gesprächs**
   - Protokoll erstellen: Erfassen Sie die wesentlichen Punkte des Gesprächs, insbesondere die vereinbarten Ziele und Entwicklungsmaßnahmen. Halten Sie das Protokoll kurz und übersichtlich. Lassen Sie keine relevante Information aus, denken Sie aber gleichzeitig daran, dass ewig lange Protokolle eher selten noch mal gerne zur Hand genommen werden.
   - Protokoll teilen: Geben Sie dem Mitarbeiter die Möglichkeit, das Gesprächsprotokoll zu überprüfen und bei Bedarf Ergänzungen vorzunehmen, bevor es finalisiert wird.
6. **Verbindliche Vereinbarungen treffen**
   - Konkrete Maßnahmen festlegen: Vereinbaren Sie konkrete Schritte zur Zielerreichung und Maßnahmen zur persönlichen und fachlichen Weiterentwicklung und definieren Sie Verantwortlichkeiten sowie Zeitpläne.
   - Zustimmung einholen: Stellen Sie sicher, dass der Mitarbeiter den vereinbarten Zielen und Maßnahmen zustimmt und motiviert ist, diese umzusetzen.
7. **Follow-up und Nachbereitung**
   - Regelmäßige Überprüfung: Planen Sie regelmäßige Check-ins, um den Fortschritt der Zielerreichung zu besprechen und gegebenenfalls Anpassungen vorzunehmen.
   - Erfolge anerkennen: Feiern Sie Fortschritte und Erfolge zeitnah, um die Motivation des Mitarbeiters aufrechtzuerhalten.
   - Feedback einholen: Fragen Sie den Mitarbeiter nach Feedback zum Gesprächsprozess und prüfen Sie, ob Verbesserungen für zukünftige Gespräche möglich sind.

Ihre persönlichen Reflexionsfragen

- Was ist meine persönliche Haltung zu Jahresgesprächen? Wie kann ich diese attraktiver, effizienter und zeitgemäßer gestalten, sodass sowohl für mich als auch für meinen Mitarbeiter tatsächlich Mehrwert gegeben ist und wir uns auf das Gespräch freuen?
- Welche Bedenken könnten meine Mitarbeiter im Hinblick auf unsere Jahresgespräche haben? Wie kann ich diese ausräumen beziehungsweise diesen entgegenwirken?

- Setze ich bereits SMARTE Ziele? Wann will ich damit beginnen beziehungsweise weitermachen?
- Wie kann ich ressourceneffizient und professionell Feedbackschleifen unter dem Jahr implementieren?
- Welche Punkte aus dem Sieben-Schritte-Guide möchte ich künftig noch besser machen? Wie kann die Optimierung rasch und professionell gelingen?

Weiterführende Literatur
- Blanchard, K. & Johnson, S. (2015). The New One Minute Manager. HarperCollins, New York.
- Brenner, D. (2020). Mitarbeitergespräche souverän führen: Ein praxisorientiertes Manual für Führungskräfte. Springer Gabler, Wiesbaden.
- Glasl, F. (2024). Konfliktmanagement: Ein Handbuch für Führungskräfte, Beraterinnen und Berater. 13. Auflage. Haupt Verlag, Bern.
- Goleman, D. (1996). Emotional Intelligence: Why It Can Matter More Than IQ. Bantam Books, New York.
- Hecker, S. (2018). Meetings und Besprechungen lebendig gestalten. Junfermann Verlag, Paderborn
- Montua, A. (2024). Führungsaufgabe Interne Kommunikation: Erfolgreich in Unternehmen kommunizieren – im Alltag und in Veränderungsprozessen. Springer Gabler, Wiesbaden.
- Reuter, K. (2023). Systemische Fragetechniken – Gekonnt gefragt, gezielt geführt! Buchfaktur Verlag, Köln.
- Schulz von Thun, F. (1981). Miteinander reden 1: Störungen und Klärungen: Allgemeine Psychologie der Kommunikation. Rowohlt, Reinbek bei Hamburg.

3.5 Erfolgsfaktor Leadership

3.5.1 Lust auf Leadership?

Leadership ist ein zentraler Erfolgsfaktor in der Beziehungsgestaltung und im Erlebnisdesign für das gesamte Team. Führungskräfte beeinflussen die Zufriedenheit und das Engagement der Mitarbeiter maßgeblich und tragen unter anderem dadurch wesentlich zur Qualität der Dienstleistungen, Gästezufriedenheit und resultierend zum Unternehmenserfolg bei.

Der klassische Karriereweg im Tourismus führt von der Fachkraft, basierend auf einer entsprechenden theoretischen Ausbildung, zur Führungskraft oder direkt aus einer höheren Ausbildung heraus in eine Führungsrolle. Der Wunsch und das beharrliche, teils auch fordernde, Streben nach Aufstieg, nach Karriere entlang der Hierarchieleiter ist bei den meisten jungen Menschen groß. Die wenigsten von ihnen beschäftigen sich jedoch mit den tatsächlichen Aufgaben und Herausforderungen des Führungsalltags. Die Frage, ob eine Führungskraft tatsächlich Lust auf diese ganz spezielle, herausfordernde, verantwortungsvolle und durchaus zum Teil auch einsame Rolle hat, bleibt vielerorts offen. Im Vordergrund steht in den meisten Fällen primär der wohlklingende Manager-Titel oder seitens des Unternehmens eine Entscheidung mangels Alternativen. Nachrangig ist die tatsächliche Leidenschaft für und das Wissen rund um Leadership. Bieten Sie Ihren Führungskräften Raum und Möglichkeiten zum Austausch und zur Selbstreflexion, ob die Rollen und Aufgaben einer wirksamen und modernen Führungskraft individuell bewusst sind und auch erfüllt werden wollen und können. Denn abgesehen von der Lust auf Führung ist auch die Ausbildung von Führungskräften ein spannendes und aus meiner Sicht zu wenig beleuchtetes Thema.

Außerdem stellt sich die Frage, wo man Führung eigentlich lernt. Im gesamten DACH-Raum gibt es zahlreiche renommierte und fundierte Ausbildungsmöglichkeiten für Menschen, die im Tourismus arbeiten und eine Führungsposition anstreben. Eine Ausbildung, die theoretisch und praxisnah auf die tatsächliche Führung von Persönlichkeiten und daraus gebildete Teams eingeht, gibt es jedoch selten. Die Folge sind Unsicherheiten, Überforderung, Stress und ineffektive Führungsstile, sowohl bei Ihren Führungskräften als vielleicht auch bei Ihnen als Unternehmer selbst. Denn auch für Unternehmer, besonders bei internen Familiennachfolgen, gibt es keine entsprechende Ausbildung, die auf die tatsächliche Führungspraxis fundiert vorbereitet und auf dem Weg begleitet. Ein Teufelskreis sowohl für die Mitarbeiter als auch für die Führungskraft selbst und das Unternehmen an sich.

Erfahrungsgemäß hat sich eine Mischung aus theoretischen Seminaren mit Praxisbezug, 1:1-Einheiten mit Leadership Coaches, Mentoring durch und Austausch mit erfahrenen Führungskräften und der Einsatz von Reflecting-Teams-Einheiten oder einfachem, moderiertem Austausch mit Führungskollegen bewährt, um Führungskräfte für ihre Rolle fit zu machen und in der Rolle professionell zu begleiten. Die Umsetzung der Reflecting-Teams-Methode setzt eine entsprechende Schulung und Professionalität voraus. Bestenfalls wird der Einsatz von einem ausgebildeten Coach moderiert. Alle genannten Weiterentwicklungsmethoden erfor-

3.5 Erfolgsfaktor Leadership

dern die Fähigkeit, sich zu öffnen und gut selbst reflektieren und spüren zu können. Ziele sind sowohl die (Weiter-)Entwicklung von fachlichen als auch von persönlichen Ressourcen, um Mitarbeiter- und Selbstführung optimal zu leben.

▶ **Reflecting Teams** Reflecting Teams (dt. reflektierende Teams) ist eine Methode aus der systemischen Therapie. Vereinfacht erklärt sucht eine Führungskraft Rat bei einem Berater (zum Beispiel einer anderen Führungskraft). Der Austausch der beiden wird von zwei bis drei Beobachtern (zum Beispiel weiteren Führungskräften) verfolgt. Der Berater hat zumeist die Aufgabe, die Methode nochmal zu erklären, offene Fragen zur Durchführung zu beantworten und die freiwillige Teilnahme aller sicherzustellen. Der Austausch dauert zumeist ca. 30 min, bevor sich die Beobachter mit ihren Perspektiven und semantischen Angeboten einbringen. Im Anschluss findet das Gespräch zwischen Führungskraft und Berater seine Fortsetzung, bevor üblicherweise maximal noch einmal die Perspektive der Berater eingebracht wird und noch eine letzte Runde des Austausches zwischen Führungskraft und Berater erfolgt. Die Impulse, welche durch die Berater eingebracht werden, dienen dazu, Neues und weitere Perspektiven einzubringen, und sollten nicht durch die Führungskraft korrigiert werden, wenn sie nicht übereinstimmen. Jedenfalls endet der Zyklus stets mit dem letzten Wort durch die Führungskraft, welche Rat gesucht hat (Wirth & Kleve, 2020).

Bei der Auswahl von Trainern und Coaches empfehle ich, auf folgende Punkte zu achten beziehungsweise diese vorab und auch während der Prozesse immer wieder zu verifizieren:

- Fundierte, theoretische Ausbildung als Coach und bestenfalls auch im Bereich Führung
- Belegbare praktische Erfahrung, sowohl in dem Bereich, in dem trainiert oder gecoached wird, als auch im Training und Coaching selbst. Bitten Sie um Referenzen und recherchieren Sie Bewertungen, die durch Namen und Funktionen tatsächlich belegt sind (Webseite, Google, Trust Pilot, eigenes Netzwerk).
- Persönliche Passung zu den Werten Ihres Unternehmens und zur Zielgruppe, sprich zu Ihrem Führungsteam. Holen Sie regelmäßig Feedback aus dem Team ein.

Durch gezielte Programme und die Förderung einer starken und zeitgemäßen Führungskultur können Unternehmen sicherstellen, dass ihre Führungskräfte optimal auf diese verantwortungsvolle und oft unterschätzte Rolle vorbereitet sind und ihre Teams effektiv führen. Nur so können nachhaltiger Erfolg und Qualität, sowohl als Arbeitgeber als auch als Dienstleister, langfristig sichergestellt werden. Es empfiehlt sich, die regelmäßige und strukturierte Weiterentwicklung – fachlich und persönlich – als Ziel für Führungskräfte aufzunehmen.

Ihre persönlichen Reflexionsfragen

- Habe ich mich bewusst für eine Führungsrolle und die damit verbundenen Themen entschieden? Haben meine Führungskräfte Lust auf Führung?
- Macht es mir Freude, Menschen zu führen?
- Trage ich gerne Verantwortung für mein Team?
- Welche Werkzeuge für gelungene Führung habe ich gelernt? Wo? Welche Werkzeuge gebe ich meinem Team dafür mit?
- Nehme ich mir Zeit für bewusste Selbstreflexion und darauf basierende Maßnahmen?
- Führe ich mich selbst bewusst oder treiben mich meine Aufgaben und Verantwortlichkeiten durch den Tag?
- Wie geht es mir mit den Themen Zeit- und Stressmanagement? Was kann ich hier optimieren? Wer kann mich dabei unterstützen?
- Wie steht es um meine persönliche Motivation für meine tägliche Arbeit und für meine Führungsagenden?
- Welche Methoden habe ich im Unternehmen implementiert beziehungsweise zur Verfügung, um Führung in allen Facetten zu lernen und das Wissen weiterzuentwickeln?
- Habe ich unsere Trainer und Coaches sorgfältig ausgewählt?
- Sind unsere Programme zur Förderung unseres Führungsteams über einen gewissen Zeitraum strukturiert oder einmalige Veranstaltungen mit eher wenig nachhaltigem Transfer in die Praxis? Welchen Schritt könnte ich heute noch umsetzen, um das Angebot zu optimieren?

3.5.2 Wie wirksame Führung gelingt

So unterschiedlich wie Menschen sind auch Führungsstile. Nicht jeder Mitarbeiter passt zu allen Führungskräften und umgekehrt. Abgesehen von dieser menschlichen und individuellen Passung gibt es aus meiner Erfahrung in der Arbeit mit zahlreichen Teams und Führungskräften allerdings einige Faktoren, die ganz allgemein zum Gelingen einer wirksamen Führung wesentlich beitragen:

3.5 Erfolgsfaktor Leadership

- **Ziele**

Eine gemeinsame Vision verbindet. Aufgabe von Führungskräften ist es, dem Team die Unternehmensvision näherzubringen und so Begeisterung dafür zu schüren. Momentum kann nur entstehen, wenn klar und eindeutig gemeinsam auf ein Ziel fokussiert wird. Führung bedeutet, Menschen Erfolge zu ermöglichen. Sowohl gemeinsamer als auch individueller Erfolg kann nur stattfinden, wenn es vorab definierte Ziele gibt. Moderne Führung nimmt immer mehr Abschied von Micro-Management, welches durch ständige Kontrolle und Einbindung der Führungskraft gelebt wird. Erfolgreiche Führungskräfte legen ambitionierte Ziele und Zwischenziele fest und überlassen den Weg dorthin, im Rahmen der Budgets und Unternehmensstandards, ihrem Team. Diese Vorgehensweise erfordert Selbstverantwortung und -organisation sowie die intellektuelle und fachliche Reife des Teams. Gleichzeitig ermöglicht dieser Zugang motivierende (Zwischen-)Erfolge, welche Lust auf weitere Erfolge machen und das entsprechende Mindset fördern. Neben Zielen an sich ist Kontrolle die Basis für Erfolgserlebnisse. Wichtig ist, dass diese abgestimmt auf die Ziele und nicht als tagtägliche Korrektur erfolgt.

- **Arbeitsumgebung**

Als wirksame Führungskraft gestalten Sie ein Arbeitsklima, in dem sich das Team wertgeschätzt und sicher fühlt. Sie leben Wertschätzung, Vertrauen und Stabilität vor, laden Ihr Team aber auch ein, diesbezüglich selbst beizutragen und Verantwortung zu übernehmen. Engagement und Produktivität werden ermöglicht und gefördert. Auftretende Konflikte werden proaktiv und sachlich gelöst. Lösungsorientierung und die sich aus dem Konflikt bietende Chance zu Qualitäts- und Beziehungsverbesserung haben Schuldzuweisungen abgelöst. Entsprechende Schulungen und Coachings unterstützen sowohl das Team als auch die Führungskräfte dabei, im Konfliktfall Verantwortung zu übernehmen und rasch eine Lösung zu finden. Schwelende Konflikte sind ein starker Grund für Demotivation und können gemeinsame Erfolge unmöglich und unattraktiv werden lassen. Ähnliches gilt für lähmende und nicht mehr zeitgemäße Prozesse. Werden Ihnen diese aufgezeigt, handeln Sie zeitnah und schaffen eine Arbeitsumgebung, die effizientes Arbeiten auch wirklich zulässt und fördert.

- **Kommunikation**

Einer der von Mitarbeitern am häufigsten genannten Gründe für Demotivation ist mangelnde Kommunikation. Entsprechend ist gezielte, strukturierte, zielgruppengerechte und regelmäßige Kommunikation einer der wesentlichsten Erfolgsfaktoren für wirksame Führung. Offenheit und Klarheit sind Bedingung für Vertrauen und das gemeinsame Verständnis über Zusammenarbeit und Ziele.

Führungskräfte, die mit dem Feedback mangelnder Kommunikation konfrontiert werden, reagieren oft mit Aussagen wie „Ich rede ständig mit meinem Team", „Wir haben laufend Meetings" und „Wir reden doch ohnehin jeden Tag im Job". Diese Aussagen entsprechen bestimmt der Wahrheit, erfassen aber nicht den Kern des Problems. Kommunikation während der Operative, zwischen „Tür und Angel", ohne Struktur, Ziel und Follow-up wird nicht als Führungskommunikation wahrgenommen und ist folglich meistens in der Führung nicht wirksam. Gelungene Führungskommunikation braucht Struktur im Sinne der Agenda, ein Ziel, einen Rahmen im Hinblick auf Ort und Zeit, Regelmäßigkeit und ein starkes Zielgruppenverständnis. Außerdem erfordert Führungskommunikation Zeit auf allen Seiten und die Fähigkeit der Führungskraft, klar und professionell zu kommunizieren. Regelmäßiges, konstruktives Feedback gibt dem Team Sicherheit und ermöglicht individuelle Entwicklung.
- **Weiterentwicklung**

Zeigen Sie gezielt Weiterbildungs- und Entwicklungsmöglichkeiten auf, sowohl fachlich als auch persönlich. Dadurch unterstützen und motivieren Sie Ihr Team, nicht im persönlichen Mittelmaß steckenzubleiben, und erkennen rechtzeitig, wenn jemandes Performance unter den Erwartungen bleibt. Hier gilt es rasch herauszufinden, ob es dem Mitarbeiter am Wollen oder am Können fehlt. Ein klärendes Gespräch kann helfen, vor allem auch zu untersuchen, ob die Demotivation ungünstigen Rahmenbedingungen im Unternehmen oder der Persönlichkeit geschuldet ist. Ursachen von Demotivation, wie zum Beispiel lähmende Prozesse, subjektiv empfundene mangelnde Kommunikation oder fehlgeschlagenes Onboarding, können im besten Fall ausgeräumt werden. Defizite im Hinblick auf das Können eines Mitarbeiters sind, vor allem im Tourismus, in den meisten Fällen durch entsprechende Schulung, intern oder extern, auszugleichen, das Wollen des Mitarbeiters vorausgesetzt. Hier schließt sich der Kreis. Durch Ihre eigene, laufende Entwicklung und Wachstumsorientierung inspirieren Sie zu Selbstreflexion und Fortschritt sowie Entfaltung. Gute Führung bedeutet, Menschen besser und erfolgreicher zu machen, als sie es selbst jemals für möglich gehalten hätten. Sie zeigen unterschiedliche und individuelle Karriere- und Erfolgswege auf. Außerdem sind Sie theoretisch über die Kunst des Delegierens informiert und wissen diese in der Praxis anzuwenden. So ermöglichen Sie Ihrem Team Wachstum, Beitrag und Erfolg. Holen Sie Ihr Team immer wieder aus der Komfortzone und bringen Sie es in die Wachstumszone. Wenn Fehler passieren, dürfen wir erkennen, dass etwas fehlt, seien es persönliches (Fach-)Wissen, Prozesse, Kommunikation oder schlichtweg Motivation und Fokus. Eine professionell gelebte Fehlerkultur unterstützt in jedem Fall die Weiterentwicklung. Sehen

Sie Fehler als Lernchance statt als Scheitern und ermutigen Sie Ihr Team zum Mitdenken, zur Mitgestaltung und zur Mitverantwortung.

Die Psychologin Carol Dweck hat das Konzept des sogenannten „Growth Mindset" (Wachstumsdenken) entwickelt, welches davon ausgeht, dass Fähigkeiten und Intelligenz durch Anstrengung, Lernen und Beharrlichkeit entwickelt werden können. Diese Art des Denkens fördert laufende Weiterentwicklung und Resilienz. Der Gegensatz dazu ist das statische Denken, ein sogenanntes „Fixed Mindset", welches auf der Annahme basiert, dass Fähigkeiten, Talente und Intelligenz eher unveränderbar sind. Menschen mit diesem Mindset haben meistens auch Angst vor neuen Aufgaben und Herausforderungen und dem damit möglicherweise verbundenen Scheitern (Dweck, 2006).

- **Vorbildfunktion**

Die erfolgreiche Führungskraft von heute versteht Führung als die Aufgabe, Vorbild und Leuchtturm für das Team zu sein. Sie lebt die Vision, Unternehmenswerte, Begeisterung für die Unternehmensmarke, Engagement, emotionale Intelligenz, Loyalität und laufende Entwicklung vor. So inspiriert sie ihr Team, es ihr gleich zu tun, und stärkt die Identifikation des Teams mit dem Unternehmen. Vorbildliche Führungskräfte reflektieren auch sich selbst und das eigene Verhalten regelmäßig und konstruktiv und arbeiten daran, sich persönlich und fachlich weiterzuentwickeln. Sie sind in der Lage, sich selbst zu motivieren und ambitioniert und resilient zu agieren und zu führen. Ein schöner Satz dazu, wohlklingender auf Englisch als auf Deutsch, ist: „Don't give too much advice, live your advice."

- **Entscheidungen**

Anstehende Entscheidungen werden überlegt und rasch getroffen. Beispielsweise kann ein demotivierter, illoyaler Mitarbeiter meiner Erfahrung nach mehr Schaden und Kosten verursachen als sein Austritt in einer vermeintlich ungünstigen Zeit. Mitarbeiter sind leistungswillig und haben Lust auf Erfolge und entsprechenden Einsatz, wenn sie sehen, dass dieser honoriert wird (nicht zwangsläufig finanziell) und dass gegenteiliges Verhalten gesehen wird und mit unmittelbaren bis mittelfristigen Konsequenzen verbunden ist. Unterschiedlichste Experimente zeigen, dass selbst ein einziger demotivierter Mitarbeiter zahlreiche eigentlich hoch motivierte Mitarbeiter und deren Arbeitsleistung relativ schnell negativ beeinflussen kann.

- **Veränderungskompetenz**

Wir arbeiten und führen in einer dynamischen Zeit. Laufend gilt es neue Trends und Transformationen zu antizipieren, umzusetzen und zu managen. Für Führungskräfte sind entsprechendes Wachstumsdenken, rasche Anpassungsfähigkeit an veränderte Gegebenheiten und Offenheit für Neues Voraussetzung für ihren eigenen und gemeinsamen (Team-)Erfolg. Nur wer bereit ist, sich laufend prüfend und neugierig neuen Technologien und Strategien zu widmen und keine Angst vor unbekannten Herausforderungen hat, kann nachhaltig erfolgreich bleiben.

Mein persönlicher Appell an alle Führungskräfte ist abschließend: Verlieren Sie sich bei all diesen Angeboten und der umfassenden Literatur zum Thema nicht im Selbstoptimierungswahn. In einer Welt voller Führungsmodelle und Ratschläge zur Selbstoptimierung bleibt aus meiner Wahrnehmung der kraftvollste und wirksamste Ansatz der einfachste: Echtheit. Authentizität. Führungsstärke entsteht nicht durch Perfektion der Theorie in der Praxis, sondern durch Integrität und Nahbarkeit. „Sei du selbst als Führungskraft" bedeutet nicht, dass Sie nicht an sich arbeiten sollen – es bedeutet, mit Selbstbewusstsein, Herz, Hirn und Offenheit zu führen. Es geht darum, zu erkennen, dass wirksame Führung aus Ihrer Einzigartigkeit entsteht und nicht aus dem Versuch, in eine vorgegebene Schablone und theoretische Modelle zu passen. Am Ende ist der effektivste Führungsstil nicht in Büchern zu finden – er liegt darin, den Mut zu haben, in der praktischen Umsetzung der Theorie man selbst zu sein. So findet sich nach und nach auch ein Team, das stimmig zu einem persönlich und dem individuellen Führungsstil passt. Lebensqualität für alle Beteiligten.

> **Ihre persönlichen Reflexionsfragen**
>
> - Arbeite ich mit meinem Team gemeinsam auf ein Ziel hin? Wissen das alle Beteiligten? Was kann ich tun, um diesen Punkt noch besser in der Operative zu leben?
> - Gestalte ich die Arbeitsumgebung und Kultur für mein Team proaktiv und bewusst?
> - Wie verhalte ich mich selbst in Konfliktsituationen?
> - Gelingt es mir, bei Konflikten und herausfordernden Situationen sachlich und rasch eine Lösung zu finden?
> - Wann und in welcher Form kommuniziere ich mit meinem Team?
> - Hat unsere Kommunikation Struktur, klar definierte Ziele und einen entsprechenden Rahmen?
> - Ermöglichen unsere Prozesse ein effizientes Arbeiten?
> - Sind mir die Wünsche und Bedürfnisse meines Teams im Hinblick auf Führung in vollem Umfang bekannt? Erfülle ich diese? Kann ich diese erfüllen? Will ich diese erfüllen? Wie? Welchen Schritt kann ich diese Woche noch

machen, um mir Feedback im Sinne meiner Führungsqualitäten aus dem Team zu holen?
- Ist mir die laufende fachliche und persönliche Weiterentwicklung meines Teams ein ehrliches Anliegen?
- Bin ich ein Vorbild im Hinblick auf stetige Weiterentwicklung, fachlich und persönlich?
- Bin ich ein Leuchtturm für mein Team, wenn es um Engagement, emotionale Intelligenz und Loyalität geht?
- Treffe ich rasche Entscheidungen oder schiebe ich diese gerne auf? Steht aktuell eine Entscheidung an, die ich noch treffen sollte?
- Wie ist meine eigene Haltung gegenüber Neuerungen und Veränderungen? Warum?

3.5.3 Positive Leadership

Nur wo Begeisterung herrscht, kann auch Außerordentliches geleistet werden. Oft liest man, dass Erfolg der Schlüssel zum Glück ist. Meiner Meinung nach ist es genau umgekehrt. Glücklichsein und eine positive Haltung (nicht zu verwechseln mit toxischer Positivität und übertriebenem Optimismus) sind die Schlüssel zum Erfolg. Genau hier setzt das Konzept von PERMA Leadership an. PERMA Leadership basiert auf den Prinzipien der positiven Psychologie und wurde entwickelt, um Führungskräfte zu inspirieren, eine Arbeitsumgebung zu schaffen, die sowohl das Wohlbefinden der Mitarbeiter fördert als auch deren Leistungsfähigkeit steigert. Der Begriff „PERMA" ist ein Akronym und steht für fünf zentrale Elemente, die zu einem erfüllten und erfolgreichen Leben beitragen: Positive Emotionen (Positive Emotions), Engagement (Engagement), Beziehungen (Relationships), Sinnhaftigkeit (Meaning) und Erfolg (Achievement).

> **Die fünf Säulen von PERMA Leadership im Detail:**
> 1. **Positive Emotionen**: Kultivieren Sie eine Atmosphäre und Umgebung, die positive Emotionen fördert. Dies geschieht zum Beispiel durch Wertschätzung, Anerkennung und eine positive Feedbackkultur, die das psychologische Wohlbefinden der Mitarbeiter stärkt und deren Motivation steigert.

2. **Engagement**: Leistungsfähigkeit resultiert bestenfalls aus einem tiefen Eintauchen in die Arbeit, bei dem Mitarbeiter ihre Fähigkeiten optimal nutzen können. PERMA Leadership betont die Bedeutung von Aufgaben, die Mitarbeiter fordern und fördern, sodass sie in einen Zustand des „Flow" gelangen können, in dem sie völlig in ihrer Tätigkeit aufgehen. Mihály Csíkszentmihályis Konzept des „Flow" beschreibt einen mentalen Zustand, in dem eine Person vollständig in eine Tätigkeit vertieft ist, die als lohnend und herausfordernd empfunden wird. In diesem Zustand verschmelzen Handlung und Bewusstsein, Zeit verliert an Bedeutung, und die Person erlebt eine tiefe Zufriedenheit und Konzentration. „Flow" wird als optimaler Zustand des Erlebens angesehen, in dem Menschen ihr volles Potenzial ausschöpfen können (Csikszentmihalyi, 2017). Es setzt voraus, dass Sie Ihre Mitarbeiter und deren Stärken ausgezeichnet kennen und einschätzen können.
3. **Beziehungen**: Zwischenmenschliche Verbindungen sind ein wesentlicher Bestandteil einer gesunden und produktiven Arbeitsumgebung. PERMA Leadership ermutigt Führungskräfte, vertrauensvolle und unterstützende Beziehungen zu fördern, die sowohl das Teamgefühl stärken als auch individuelle Entwicklung ermöglichen.
4. **Sinnhaftigkeit**: Menschen streben danach, in ihrer Arbeit einen tieferen Sinn zu erkennen. PERMA Leadership fordert Führungskräfte auf, ihren Mitarbeitern eine klare Vision und Mission zu vermitteln, die über den reinen Geschäftserfolg hinausgeht. Dies gibt den Mitarbeitern das Gefühl, Teil von etwas Größerem zu sein, was ihre Motivation und ihr Engagement erheblich steigert.
5. **Erfolg**: Erfolg im PERMA-Kontext bedeutet nicht nur das Erreichen von Zielen, sondern auch die Anerkennung und das Feiern von eben diesen Fortschritten und Leistungen. Führungskräfte sollten klare Ziele setzen, Meilensteine definieren und Erfolge sichtbar machen, um ein Gefühl der Erfüllung und des Stolzes zu fördern (Ebner, 2020).

Für Unternehmer und Führungskräfte bietet das PERMA-Leadership-Modell einen strukturierten Ansatz, um das Potenzial ihrer Mitarbeiter voll auszuschöpfen und gleichzeitig deren Wohlbefinden zu steigern. Es verbindet die Maximierung der individuellen Leistungsfähigkeit mit der Schaffung eines positiven und sinnstiftenden Arbeitsumfelds. Dadurch werden nicht nur kurzfristige Erfolge ge-

3.5 Erfolgsfaktor Leadership

fördert, sondern auch eine nachhaltige Unternehmensentwicklung gesichert. PERMA Leadership stellt eine ganzheitliche und dem Zeitgeist entsprechende Führungsphilosophie dar, die über die traditionellen Managementpraktiken hinausgeht und das Wohl der Mitarbeiter in den Mittelpunkt stellt, was letztlich auch dem Unternehmenserfolg zugutekommt.

> **Ihre persönlichen Reflexionsfragen**
>
> - Was ist meine persönliche Meinung zum PERMA-Modell? Mit wem könnte ich mich dazu austauschen?
> - Gibt es einzelne Punkte aus dem Modell, die ich rasch umsetzen möchte? Welchen Schritt werde ich heute noch dafür umsetzen?

3.5.4 Selbstführung als Basis

Selbstführung ist das Fundament jeder erfolgreichen Führung und bildet die unverzichtbare Basis für die Umsetzung moderner Führungskonzepte wie des PERMA-Modells. Unternehmer und Führungskräfte stehen in einer herausfordernden Verantwortung: Sie sollen nicht nur strategisch und operativ lenken, sondern auch als Vorbilder für ihre Mitarbeiter fungieren. Um diesen Rollen gerecht zu werden und gleichzeitig die eigene Lebensqualität nicht zu vernachlässigen, müssen sie zuerst in der Lage sein, sich selbst effektiv zu führen.

Selbstführung umfasst die Fähigkeit, die eigenen Gedanken, Emotionen und Verhaltensweisen bewusst zu steuern, um in Einklang mit den persönlichen und beruflichen Zielen und den eigenen und unternehmerischen Zielen zu handeln. Voraussetzung ist eine gute Selbstwahrnehmung, die es ermöglicht, die eigenen Stärken und Schwächen zu erkennen und gezielt daran zu arbeiten und darauf zu reagieren. Nur wer sich selbst führen kann, ist in der Lage, authentisch, konsistent und resilient aufzutreten – Eigenschaften, die für die Führung anderer unerlässlich sind.

Auch das Management der eigenen Energie ist für Führungskräfte von zentraler Bedeutung, da es nicht nur die persönliche Leistungsfähigkeit, sondern auch die Ausstrahlung und Wirkung auf andere maßgeblich beeinflusst. Eine bewusste und ausgeglichene Energieführung ermöglicht es, in jeder Situation präsent und fokussiert zu agieren, während gleichzeitig eine Aura der Souveränität und Gelassenheit ausgestrahlt wird. Diese innere Balance überträgt sich auf das gesamte Team, schafft Vertrauen und inspiriert zu höherer Motivation und Engagement. Führungskräfte, die ihre Energiequellen achtsam pflegen und nachhaltig nutzen, sind besser in der Lage, Herausforderungen mit Klarheit und Zuversicht zu begegnen und eine positive, produktive Arbeitsatmosphäre zu kultivieren.

Ihre persönlichen Reflexionsfragen

- Wie gut gelingt mir Selbstführung im Hinblick auf meine eigene Energie und meine Emotionen? Wie gut gehe ich damit um? Wie haushalte ich damit?
- Achte ich ausreichend auf mich selbst? Führt mich mein Tag oder führe ich meinen Tag?
- Agiere ich als Vorbild im Hinblick auf Selbstführung? Woran erkenne ich das?

Selbstführung als Voraussetzung am Beispiel PERMA Leadership

- **Positive Emotionen**: Um eine Kultur positiver Emotionen zu fördern, muss eine Führungskraft zuerst in der Lage sein, ihre eigenen emotionalen Zustände zu regulieren. Selbstführung erfordert, dass man sich in schwierigen Situationen nicht von negativen Emotionen überwältigen lässt, sondern bewusst Optimismus und Zuversicht ausstrahlt. Diese innere Balance ist entscheidend, um auch in stressigen Zeiten ein Umfeld zu schaffen, das von Positivität geprägt ist. Dennoch ist es für die eigene Authentizität in der Führung unerlässlich, auch negative und belastende Emotionen nicht unter den Teppich zu kehren, sondern in stimmiger Form zu kommunizieren und professionell damit umzugehen.
- **Engagement**: Engagement beginnt bei der Führungskraft selbst. Wer selbst keine Leidenschaft und Hingabe für seine Arbeit empfindet, kann schwerlich dasselbe bei anderen entfachen. Selbstführung bedeutet, sich kontinuierlich zu motivieren, persönliche und berufliche Ziele zu verfolgen und dabei authentisch und inspirierend auf das Team einzuwirken.
- **Beziehungen**: Zwischenmenschliche Beziehungen basieren auf Vertrauen und Authentizität. Selbstführung beinhaltet die Fähigkeit, ehrlich und reflektiert zu kommunizieren sowie Empathie und Verständnis für andere zu entwickeln. Dies erfordert, dass eine Führungskraft zunächst mit sich selbst im Reinen und in der Lage ist, ihre eigenen emotionalen Reaktionen zu kontrollieren und positiv zu kanalisieren.
- **Sinnhaftigkeit**: Selbstführung ist untrennbar mit dem Finden und Leben der eigenen Werte und Überzeugungen verbunden. Führungskräfte, die ihre Arbeit als sinnstiftend empfinden und einen klaren inneren Kompass

3.5 Erfolgsfaktor Leadership

haben, können diese Sinnhaftigkeit überzeugend an ihre Mitarbeiter weitergeben. Sie sind in der Lage, ihre persönliche Vision mit der Unternehmensvision zu verbinden und so eine authentische und nachhaltige Motivation zu schaffen.

- **Erfolg**: Auch Erfolg beginnt bei der Selbstführung. Nur wer sich selbst klare, erreichbare Ziele setzt und konsequent daran arbeitet, diese zu erreichen, kann auch andere erfolgreich führen. Selbstführung bedeutet auch, sich über eigene Fortschritte und Erfolge bewusst zu sein und diese angemessen zu würdigen. Eine Führungskraft, die ihre eigenen Erfolge anerkennt und feiert, wird eher in der Lage sein, ein ähnliches Umfeld für ihre Mitarbeiter zu schaffen (Ebner, 2020).

Für Unternehmer und Führungskräfte ist Selbstführung nicht nur eine persönliche, sondern auch eine strategische Notwendigkeit. Sie bildet die Grundlage für authentische und wirksame Führung, die nicht nur kurzfristige Ergebnisse erzielt, sondern auch langfristig Vertrauen und Respekt aufbaut. In der Umsetzung des PERMA-Modells wird deutlich, dass alle fünf Säulen dieses Konzepts tief in der Fähigkeit zur Selbstführung verwurzelt sind. Nur wer in der Lage ist, sich selbst zu führen, kann die Prinzipien von PERMA erfolgreich in der Unternehmensführung implementieren und so eine Unternehmenskultur schaffen, die sowohl das Wohlbefinden als auch die Leistungsfähigkeit der Mitarbeiter nachhaltig fördert.

In einer Zeit, in der die Anforderungen an Führungskräfte stetig steigen, ist Selbstführung nicht nur ein Kompetenzbereich unter vielen, sondern die zentrale Voraussetzung für jegliche Form von wirksamer Führung. Sie ermöglicht es Führungskräften, nicht nur als Manager, sondern auch als inspirierende Leader wahrgenommen zu werden, die sowohl ihre eigenen als auch die Potenziale ihrer Mitarbeiter voll ausschöpfen.

Ihre persönliche Reflexionsfrage

- Welchen der oben genannten Punkte möchte ich vertiefen und für mich selbst optimieren? Bis wann? Wie?

3.5.5 Resilienz in der Führung

Resilienz ist für Führungskräfte ein unverzichtbarer Kompetenzbereich in einer zunehmend volatilen, unsicheren und komplexen Geschäfts- und Arbeitgeberwelt. Resilienz beschreibt die Fähigkeit, sich trotz widriger Umstände zu behaupten, Rückschläge konstruktiv zu verarbeiten und gestärkt aus Krisen hervorzugehen. Für Führungskräfte bedeutet Resilienz nicht nur, selbst widerstandsfähig zu bleiben, sondern auch, als Stabilisator und Vorbild für das Team zu fungieren. Je eher Sie Ihre eigenen Werte und Stabilität gefunden haben, desto einfacher wird es. Eine resiliente Führungskraft ist in der Lage, auch unter hohem Druck besonnen zu agieren, und strahlt damit Sicherheit und Vertrauen aus, was in unruhigen Zeiten von unschätzbarem Wert ist. Gelingen kann das nur, wenn auch mit der eigenen Energie gut gehaushaltet wird.

Um die eigene Resilienz zu stärken, müssen Führungskräfte zunächst ihre inneren Ressourcen gezielt kultivieren. Dies umfasst die Pflege eines gesunden Selbstbewusstseins, die Fähigkeit zur Selbstreflexion und den Aufbau eines robusten emotionalen Gleichgewichts. Regelmäßige Selbstfürsorge, wie beispielsweise Achtsamkeitstraining, körperliche Bewegung und das Setzen klarer Auszeiten, sind essenziell, um die eigene Belastbarkeit zu fördern. Ebenso wichtig ist es, ein starkes Netzwerk aus vertrauenswürdigen Kollegen, Mentoren und Freunden aufzubauen, das in herausfordernden Zeiten Unterstützung bietet. Je klarer und stabiler Sie Ihr Selbstbild definiert und verinnerlicht haben, desto besser. Folgender Satz von C. G. Jung ist mir hierzu in Erinnerung geblieben: „Die Welt wird dich fragen, wer du bist, und wenn du es nicht weißt, wird die Welt es dir sagen." Vor allem in turbulenten Zeiten tendieren wir dazu, uns im Stress selbst ein Stück zu verlieren. Steuern Sie mit gezielter Persönlichkeitsentwicklung aktiv dagegen.

Resiliente Führungskräfte können in Folge die Resilienz ihres Teams stärken, indem sie eine Kultur der Offenheit und des Vertrauens fördern. Investieren Sie in Prävention, bevor Heilung ein Thema werden kann. Dies beginnt mit einer Kommunikation, die transparent und wertschätzend ist und den Mitarbeitern das Gefühl gibt, dass ihre Sorgen und Herausforderungen ernst genommen werden. Führungskräfte sollten außerdem Autonomie und Selbstwirksamkeit ihrer Mitarbeiter fördern, indem sie ihnen die Verantwortung übertragen, Probleme eigenständig zu lösen, und ihnen gleichzeitig die notwendige Unterstützung und Rückendeckung bieten. Das Schaffen eines positiven Arbeitsumfelds, in dem Fehler als Lernchancen betrachtet werden und die psychologische Sicherheit gewährleistet ist, trägt maßgeblich dazu bei, die kollektive Resilienz des Teams zu erhöhen.

3.5 Erfolgsfaktor Leadership

Auch Burnout-Prävention ist eine zentrale Aufgabe im Rahmen moderner Führung und erfordert ein proaktives Handeln. Führungskräfte sollten frühzeitig auf Anzeichen von Überlastung und Stress bei sich selbst und ihrem Team achten und rechtzeitige Maßnahmen ergreifen, um diese zu reduzieren. Dies kann durch die Etablierung realistischer Arbeitsziele, die Förderung von Pausenkultur und die Ermutigung zu regelmäßigen Erholungsphasen geschehen. Zusätzlich sollten Führungskräfte regelmäßige Feedbackgespräche initiieren, um die Arbeitsbelastung der Mitarbeiter zu überprüfen und Anpassungen vorzunehmen, die einer langfristigen Überforderung entgegenwirken. Die Etablierung von Unterstützungsangeboten wie Coaching, betrieblichem Gesundheitsmanagement oder Mentoring-Programmen kann ebenfalls dazu beitragen, das Risiko eines Burnouts zu minimieren. Weitere Kursangebote wie Achtsamkeits- und Resilienz-Trainings und Meditationseinheiten können zusätzlich hilfreich sein. Denken Sie bitte immer daran, dass die Einschätzung der Arbeitsbelastung und von persönlichem Stress in unterschiedlichen Situationen immer personenbezogen und individuell ist. Was für den einen ein produktiver Tag ist oder eine kleine Unannehmlichkeit, mag für andere eine große Belastung sein. Belastungsgrenzen sind individuell.

Eine resiliente Führungskraft trägt entscheidend zur nachhaltigen Leistungsfähigkeit und Zufriedenheit der Mitarbeiter bei und schafft ein Umfeld, in dem sowohl das Unternehmen als auch die Belegschaft erfolgreich mit den Herausforderungen des modernen Arbeitslebens umgehen können. Resilienz in der Führung ist somit nicht nur ein Schlüssel zur individuellen Krisenbewältigung, sondern auch zur langfristigen Stabilität und Wettbewerbsfähigkeit des Unternehmens.

Nicht nur Hochsaisonen, Fluktuation und Krankenstände stellen Teams im Tourismus vor stressige Herausforderungen. Durch die gezielte Förderung und Fokussierung auf die sieben Säulen der Resilienz können Sie Mitarbeiter stärken. So können auch in stressigen Zeiten Ruhe und Leichtigkeit im Arbeitsalltag gelingen. Ein Gewinn nicht nur für die Mitarbeiterzufriedenheit, sondern auch für Ihre Gäste. Eine Investition in die Resilienz von Ihnen selbst und die Ihrer Mitarbeiter macht sich jedenfalls bezahlt.

Die sieben Säulen der Resilienz bieten wertvolle Ansätze, um Ihre eigene Widerstandsfähigkeit zu stärken und gleichzeitig Ihre Teams effektiv zu führen. Dieses Konzept stammt ursprünglich von der Entwicklungspsychologin Emmy Werner und wurde laufend weiterentwickelt. Besonders bekannt ist das Modell von Diplompsychologin Ursula Nuber (Backe-Proske, 2021). Ich habe ihr Modell der sieben Säulen für unsere Praxis als Basis genutzt und erweitert.

Die 7 Säulen der Resilienz in der Führungspraxis
1. **Akzeptanz**: Nicht alles, was sich verändert, ist leicht anzunehmen. Doch ohne Akzeptanz kann kein Fortschritt erzielt werden. Als resilienter Unternehmer und Führungskraft erkennen Sie an, dass Veränderungen unvermeidlich sind, und passen Ihre Strategien und Haltung entsprechend an. Sie fördern eine offene und flexible Unternehmenskultur und lenken den Fokus auf gemeinsame alternative Ideen anstatt Resignation. Je achtsamer und besser verbunden Sie mit sich selbst sind, desto besser kann dieser Punkt gelingen und vorschnelle, impulsive Reaktionen und Emotionen können ausgeschlossen werden.
2. **Optimismus**: Optimismus ist eine unverzichtbare Säule der Resilienz und befähigt uns, auch in herausfordernden Zeiten eine positive Grundhaltung zu bewahren. Ein optimistisches Team ist nicht nur motivierter, sondern auch kreativer und widerstandsfähiger. Eine entsprechende Haltung beginnt bei Ihnen als Unternehmer und Führungskraft. Ob das Glas halb voll oder halb leer ist, hängt maßgeblich von Ihrer Führung ab, und die entsprechende Energie wird sich auch auf Ihre Gäste übertragen. Diese innere Einstellung strahlt nach außen und beeinflusst die gesamte Arbeitsatmosphäre. Beobachten Sie Ihr Team einmal bewusst: Begegnen Ihnen neugierige Blicke und Tatendrang oder wirken Ihre Mitarbeiter bereits erschöpft und abgestumpft, wenn Sie einen Raum betreten? Legen Sie den Fokus auf das Fröhliche und Positive und beginnen Sie Meetings zum Beispiel mit der Frage: „Was lief heute schon gut?"
3. **Opferrolle verlassen**: Ermutigen Sie Ihre Teammitglieder, ihre eigenen Fähigkeiten und Stärken zu erkennen, und ermöglichen Sie Erfolgserlebnisse, wodurch das Vertrauen in die Bewältigung von Herausforderungen wächst. Mitarbeiter, die an ihre Fertigkeiten glauben, sind eher bereit, Herausforderungen anzunehmen und selbstständig Lösungen zu finden.
4. **Verantwortung übernehmen**: Selbstverantwortung bedeutet, dass jeder Einzelne befähigt wird, die Verantwortung für seine Entscheidungen zu übernehmen. Das stärkt das Vertrauen innerhalb des Teams und fördert eine Kultur der Eigenverantwortung. Wenn jeder seinen Verantwortungsbereich genau kennt, wird klar, wann andere eingebunden werden müssen und wann eine Entscheidung allein getroffen werden kann. Dies spart Zeit und schafft wertvolle Handlungsspielräume. Zudem ermöglicht es Ihren Mitarbeitern, ihre Arbeitsabläufe nach den eigenen Stärken zu optimieren.

5. **Netzwerk aufbauen**: Durch den Aufbau und die Pflege von starken Teams und Netzwerken innerhalb und außerhalb des Unternehmens werden Ressourcen und Unterstützung verfügbar gemacht, die in Krisenzeiten entscheidend sein können. Ein etabliertes Unterstützungsnetzwerk, etwa durch ein internes Buddy-System, kann hier wertvolle Dienste leisten. Menschen, die eng zusammenarbeiten, sollten sensibilisiert werden, auf auffällige Verhaltensänderungen bei Kollegen zu achten. Solche Beobachtungen können darauf hinweisen, dass jemand an seine Belastungsgrenze stößt. Schulen Sie Ihr Team darin, „aufeinander aufzupassen" – so schaffen Sie eine wertschätzende Kultur, die Ihr Unternehmen nachhaltig stärkt.
6. **Lösungsorientierung**: Ein proaktiver und lösungsorientierter Ansatz im Arbeitsalltag führt zu schnelleren und effektiveren Reaktionen auf Herausforderungen und stärkt die kollektive Resilienz des Teams. Verlieren Sie sich nicht in Problemen, sondern schaffen Sie ein gemeinsames Verständnis für Prioritäten. Stellen Sie sicher, dass Ihrem Team die notwendigen Ressourcen für Lösungen zur Verfügung stehen, und verwandeln Sie durch professionelle Kommunikation „Ja, aber..."-Haltungen in „Ja, und..."-Haltungen.
7. **Zukunft planen**: Strategische Voraussicht und Planung ermöglichen es Führungskräften, potenzielle Risiken frühzeitig zu erkennen und sich auf unerwartete Herausforderungen vorzubereiten. Gleichzeitig sind Sie eingeladen, Ihrem Team ein positives und attraktives Zukunftsbild zu bieten.

Diese sieben Säulen helfen, in turbulenten Zeiten gelassen und handlungsfähig zu bleiben, was sowohl die eigene Resilienz als auch die des Teams stärkt. Auch Ihre Gäste werden es Ihnen danken.

Ihre persönlichen Reflexionsfragen

- Was tue ich für meine eigene Resilienz?
- Reagiere ich permanent oder agiere ich?
- Habe ich genügend Ressourcen, um proaktiv zu gestalten und visionär zu denken, oder gehe ich in der Operative unter? Was kann ich hier optimieren? Wie konkret? Wer könnte mich dabei unterstützen?
- Wie stärke ich die Resilienz meines Teams? Was kann ich hier auf Basis der sieben Säulen noch besser machen?

- Welches Angebot bieten wir zum Thema Burn-out-Prävention und Stressmanagement? Kann man hier ein breiteres, zeitgemäßeres, nachhaltigeres Angebot schaffen?

Weiterführende Literatur
- Covey, St. (2018). Die 7 Wege zur Effektivität: Prinzipien für persönlichen und beruflichen Erfolg. Gabal, Offenbach.
- Drucker, P. (2014). The Effective Executive. Effektivität und Handlungsfähigkeit in der Führungsrolle gewinnen. Vahlen, München.
- Ebner, M. (2024). Positive Leadership. Mit PERMA-Lead erfolgreich führen. Facultas, Wien
- Malik, F. (2019). Führen, Leisten, Leben: Wirksames Management für eine neue Welt. Campus, Frankfurt am Main.
- Berndt, C. (2013). Resilienz: Das Geheimnis der psychischen Widerstandskraft. Was uns stark macht gegen Stress, Depression und Burn-out. Deutscher Taschenbuch Verlag, München.
- Sinek, S. (2017). Leaders Eat Last: Warum manche Teams funktionieren – und andere nicht. Redline, München.
- Quarch, C. (2021). Begeistern! Wie Unternehmen über sich hinauswachsen. Schäffer-Poeschel, Stuttgart.

3.6 Junge Talente – die Zukunft unserer Branche

3.6.1 Wertschätzende Förderung – ein Ding der Unmöglichkeit?

Der Tourismus ist eine dynamische und renommierte Branche, deren Erfolg und Reputation stark von der Qualität ihrer Mitarbeiter abhängt. Vor allem junge Talente – Auszubildende, Trainees und Praktikanten – spielen eine entscheidende Rolle in der nachhaltigen Entwicklung und Zukunftssicherung. Sie bringen frische Perspektiven, neue Ideen und Arbeitskraft mit, die es zu nutzen und zu fördern gilt. Um das volle Potenzial dieser Nachwuchskräfte zu entfalten, bedarf es eines gezielten Personalmanagements und eines durchdachten Employee Experience Designs, das auf die speziellen Bedürfnisse und Erwartungen der jungen Generationen und ihrer Rollen und Stellen in Unternehmen zugeschnitten ist.

3.6 Junge Talente – die Zukunft unserer Branche

Um die Tourismusbranche für junge Generationen wieder attraktiver zu machen, müssen Unternehmen eine innovative, flexible und wertorientierte Arbeitsumgebung schaffen, die auf die Bedürfnisse der neuen Talente eingeht. Durch die Kombination aus technologischem Fortschritt, nachhaltigem Handeln, lösungsorientierten Benefits, Wertschätzung und einer offenen, inklusiven Unternehmenskultur können Unternehmen nicht nur junge Talente anziehen, sondern diese auch langfristig an sich binden.

Egal ob Auszubildender, Praktikant oder Trainee – Nachwuchskräfte im Tourismus werden vielerorts als klassischer Vollzeitmitarbeit eingeteilt und angesehen. Die gezielte Ausbildung, Förderung und Wertschätzung bleibt im Trubel des operativen Alltags, gezeichnet von Personalmangel, Ausfällen und Stress, auf der Strecke. Nachwuchskräfte sollen selbstverständlich von Beginn an in den regulären Arbeitsalltag integriert werden und eigene Ziele und Projekte übertragen bekommen. Dies fördert nicht nur das Lernen durch Praxis, sondern stärkt auch das Zugehörigkeitsgefühl und ermöglicht Erfolgserlebnisse. Berücksichtigen Sie jedoch unbedingt ausreichend Zeit und Raum für Ausbildung in jeglicher Form – sowohl in der Einsatzplanung der jungen Talente als auch bei den jeweiligen Ausbildern. Das ist eine Form der Einsatzplanung, die sich kurzfristig vielleicht nicht rechnet, aber langfristig auszahlen wird.

Die Förderung junger Talente erfordert individuell angepasste Ausbildungsprogramme, die den unterschiedlichen Lernstilen und Bedürfnissen gerecht werden. Ein strukturiertes Mentoring-System, das junge Nachwuchstalente mit erfahrenen Fachkräften vernetzt, kann wertvolle Unterstützung bieten und den Wissenstransfer sicherstellen. Junge Talente schätzen Unterstützung und Orientierung in den frühen Phasen ihrer Karriere. Auch die jüngsten Mitarbeiter mit den ältesten Kollegen im Haus zu vernetzen und so zu ermöglichen, dass in unterschiedlichsten Bereichen voneinander gelernt wird (Fachexpertise trifft beispielsweise auf Handykompetenz oder Jugendsprache), ist ein wertvoller Impuls für generationenübergreifenden Dialog und Mehrwert. Bedenken Sie jedoch, dass sich nicht jede erfahrene Fachkraft automatisch als Mentor eignet. Motivation und Lust auf die Begleitung, Offenheit für die Perspektiven und Wissen um die Bedürfnisse junger Menschen sind Voraussetzung für gelungene Mentor-Mentee-Beziehungen. Ergänzend ist moderierter und organisierter Raum für den Austausch unter den Auszubildenden, Praktikanten und Trainees von großem Wert. Auch Netzwerkmöglichkeiten, bei denen sich junge Mitarbeiter mit Branchenkollegen aus unterschiedlichen Unternehmen austauschen können, sind wichtig für die berufliche und persönliche Entwicklung. Ergänzt mit spielerischen und erlebnisorientierten Austausch- und Netzwerkformaten ist ein großer Schritt in Richtung Nachwuchsförderung und -bindung getan.

Regelmäßiges Feedback ist für junge Talente von großer Bedeutung. Es sollte direkt, konstruktiv und zeitnah erfolgen, wenn es auf konkrete Situationen bezogen wird. Es ist wichtig, die Leistungen der jungen Mitarbeiter anzuerkennen und wertzuschätzen und gleichzeitig durch konstruktive Kritik Orientierung und Raum zur Entwicklung zu geben. Beides stärkt das Selbstbewusstsein und die Motivation, sich weiterzuentwickeln. Zudem empfehle ich, regelmäßige Termine zu implementieren, wo geschützter Raum für Feedback und Austausch in beide Richtungen erfolgt. Ein laufender Erwartungs- und Realitätsabgleich fördert die Zusammenarbeit und Beziehung von Ausbildern und Nachwuchskräften.

Machen wir uns bewusst, dass unser Fachkräftemangel von morgen nur erleichtert werden kann, wenn wir jungen, interessierten Menschen unsere Branche schmackhaft machen und eine entsprechende Ausbildung, Rahmenbedingungen und Kultur anbieten. Junge Talente steigern nicht zuletzt auch Ihre unternehmerische Innovationskraft und Wettbewerbsfähigkeit in Zukunft. Eine Investition in unsere zukünftigen Top-Kräfte zahlt sich langfristig für alle aus und stärkt Ihr Employer Branding auf unterschiedlichsten Ebenen.

Ein Best-Practice-Beispiel für wertschätzende Förderung, Einbindung der Familien und entsprechendes Employer Branding bietet DAS EDELWEISS Salzburg Mountain Resort im österreichischen Großarl. Unter dem Motto „Der Weg ist das Ziel" werden die Eltern aller Auszubildenden zu einem ganz besonderen Abend nach Großarl eingeladen. Die Ausbildung und Nachwuchsstärkung für die Branche ist Familie Hettegger eine besondere Herzensangelegenheit. Damit sich auch die Eltern einen persönlichen Eindruck von der Entwicklung und dem Arbeitsumfeld machen können, organisiert die Familie einen Abend gemeinsam mit den Auszubildenden und deren Eltern. Auf dem Programm stehen unter anderem eine Führung durch das gesamte Hotelresort sowie ein gemeinsames Abendessen. Außerdem können die Eltern im Resort übernachten und sich am nächsten Tag selbst von den Angeboten im Haus überzeugen. Ferner werden in diesem feierlichen Rahmen die Urkunden überreicht, welche im Rahmen der Großarler Lehrlingsakademie erarbeitet wurden. Das Programm wird vollständig und eigenverantwortlich von den Auszubildenden erstellt, organisiert und durchgeführt. Sie kümmern sich um alles, von den Einladungen über die Begrüßungsrede bis hin zur Resort-Führung, Menüerstellung und dem Service. Ein wunderbares Erlebnis für alle Beteiligten und unbezahlbar als allgemeine Marketingmaßnahme, Bindungstool und für das Employer Branding.

3.6.2 Generationen – eine Herausforderung?

Junge Talente stellen besondere Anforderungen an ihre Ausbildung und ihr Arbeitsumfeld. Diese Anforderungen, Werte und Bedürfnisse zu (er-)kennen und angemessen darauf zu agieren, ist essenziell für den Erfolg der Nachwuchsförderung und die langfristige Zukunftssicherung. Ziel ist, dass Nachwuchstalente nicht nur gewonnen werden, sondern auch möglichst langfristig an Ihr Unternehmen gebunden werden und jedenfalls, auch im Falle eines Austritts, als Botschafter fungieren.

Ich empfehle die Lektüre von entsprechenden Publikationen und Studien, unter anderem zum Beispiel vom Pew Research Center, der Deloitte Global Millennial Survey oder der Ernst & Young Work Reimagined Survey. Zu bedenken gebe ich jedoch, dass die Einteilung in Generationen zwar durchaus wertvolle Einblicke geben kann, jedoch die Gefahr von Stereotypisierung birgt. Erfahrungen aus der Praxis zeigen, dass Aspekte die Arbeit betreffend doch stärker von der jeweiligen Persönlichkeit und Lebenssituation abhängen als von der Generationenzugehörigkeit.

Ganz allgemein möchte ich festhalten, dass die Affinität zu digitalen Technologien, einerseits zur Vernetzung, andererseits zur Kommunikation, Schulung und zur Arbeitsunterstützung und den damit verbundenen Trends immer mehr an Bedeutung gewinnen. Prüfen Sie regelmäßig, ob Ihre Prozesse technologisch auf dem aktuellen Stand oder veraltet sind und ob Sie digitale Werkzeuge zur Verfügung stellen, die die Arbeit erleichtern und die Produktivität steigern, wenn Sie für junge Talente attraktiv sein wollen. Ein innovatives und technologisch fortschrittliches Arbeitsumfeld kann ein entscheidender Anreiz für junge Menschen sein. Zahlreiche Studien und die Praxiserfahrung zeigen uns, dass junge Mitarbeiter erwarten, dass ihre Arbeitgeber moderne Technologien einsetzen, um das Arbeiten effizienter zu machen.

Auch das Streben nach Selbstverwirklichung muss berücksichtigt werden. Der Wunsch nach Stabilität und Sicherheit trifft auf das Bedürfnis nach Freiraum für Kreativität und Individualität. Junge Talente wollen Verantwortung übernehmen und eigene Ideen einbringen. Um diesen Erwartungen und Bedürfnissen gerecht zu werden, empfehle ich flache Hierarchien und einen Fokus auf Co-Creation und Teamarbeit, auch zwischen den Abteilungen. Als Arbeitgeber sollten Sie jungen Menschen frühzeitig die Möglichkeit bieten, eigenverantwortlich zu arbeiten und vielleicht sogar kleine, nach Möglichkeit abteilungsübergreifende, Projekte zu leiten und durchaus auch zu initiieren. So fördern Sie die Eigeninitiative, Schnittstellenverständnis und Selbstverantwortung und schaffen ein Gefühl der

Wertschätzung und des Vertrauens. Bedenken Sie auch die Erwartung von regelmäßigem, konstruktivem Feedback zur individuellen Weiterentwicklung. Junge Talente suchen nach klaren Karriereperspektiven und Entwicklungsmöglichkeiten. Unternehmen sollten transparente Karrierepfade anbieten (hierarchisch und im Hinblick auf Projekte) und in regelmäßige Weiterbildungen investieren. Dazu gehören auch die Förderung von Soft Skills und die Möglichkeit, an vielfältigen Projekten teilzunehmen, um sich beruflich und auch persönlich weiterzuentwickeln.

Großer Wert wird auch auf Integrität, Transparenz und Authentizität des Arbeitgebers gelegt. Die jungen Generationen sind außerdem stark an sinnstiftender Arbeit und Nachhaltigkeit interessiert. Initiieren Sie nachhaltige und umweltfreundliche Praktiken und lassen Sie diese implementieren und kommunizieren. Zudem ist es wichtig, den Mitarbeitern das Gefühl zu geben, dass sie mit ihrer Arbeit einen positiven Beitrag leisten – sei es zum Beispiel durch soziale Verantwortung, Umweltschutz oder die Unterstützung lokaler Gemeinschaften. Viele junge Menschen wollen für Unternehmen arbeiten, die sich gesellschaftlich engagieren. Tourismusunternehmen können beispielsweise leicht durch Corporate-Social-Responsibility-Initiativen punkten, die sich für soziale Gerechtigkeit, Umweltbewusstsein oder kulturelle Vielfalt sowie allgemeine Inklusion unterschiedlichster Gruppen einsetzen.

Berufliche Ziele wollen ohne Vernachlässigung persönlicher Interessen verfolgt und erreicht werden. Das manifestiert sich in der Erwartung von flexiblen Arbeitszeiten und Arbeitsbedingungen. Als Unternehmen sollten Sie daher flexible Arbeitszeiten, Schichtmodelle und Teilzeitoptionen anbieten, um den Bedürfnissen ihrer Mitarbeiter gerecht zu werden. Hier seien auch die oft verteufelten Teildienste erwähnt. Was für einige Fluch ist, kann für andere durchaus ein Segen sein. Auch die Möglichkeit, remote oder im Homeoffice zu arbeiten oder eine längere Auszeit zu nehmen, kann ein Anreiz sein, wo dies operativ möglich ist.

Je früher und besser man sich auf diese Erwartungen und veränderten Bedürfnisse vorbereitet (hat) und sie entlang der gesamten Talent Journey für die Nachwuchstalente integriert und lebt, desto besser. Was immer Sie zu bieten haben, denken Sie daran, es auch in den sozialen Medien zu teilen und zu kommunizieren. Soziale Medien spielen eine zentrale Rolle in der Berufs- und Arbeitgeberwahl junger Menschen. Zahlreiche Studien, unter anderem die Studie „World's Most Attractive Employers 2021" von Universum, belegen, dass die Online-Präsenz und Social-Media-Aktivitäten eines Unternehmens einen starken Einfluss auf die Arbeitgeberwahl von jungen Menschen haben (Universum, 2021).

> **Ihre persönlichen Reflexionsfragen**
> - Habe ich das Employee Experience Design für junge Nachwuchskräfte angepasst?
> - Bin ich als Führungskraft und Arbeitgeber für junge Menschen attraktiv? Woher weiß ich das?
> - Welche Generationen sind in meinem Team vertreten? Wie vernetze und nutze ich diese? Kenne ich deren Bedürfnisse und Erwartungen? Woher?

> **Weiterführende Literatur**
> Keine. Ich empfehle für dieses Kapitel den persönlichen Austausch mit den Generationenvertretern in Ihrem Team statt Literatur.

Literatur

Blanchard, K., & Johnson, S. (2015). *The New One Minute Manager.* New York: HarperCollins
Backe-Proske, S. (2021). Die 7 Säulen der Resilienz. https://www.afgm.de/die-7-saeulen-der-resilienz/. Zugegriffen: 22.10.2024
Csikszentmihalyi, M. (2017). Flow. Das Geheimnis des Glücks. Stuttgart: Klett-Cotta.
Dweck, C. S. (2006). *Mindset: The New Psychology of Success.* New York: Random House.
Ebner, M. (2020). *Positive Leadership. Leading successfully with PERMA-Lead: the five keys to high performance.* Wien: Facultas Verlags- und Buchhandels AG.
Gallup (2022). State of the Global Workplace Report 2022. https://www.gallup.com/workplace/349484/state-of-the-global-workplace-2022-report.aspx. Zugegriffen: 15.09.2024
Mai, J. (2024). SMART-Methode: Einfach erklärt + praktische Beispiele. https://karrierebibel.de/smart-methode/. Zugegriffen: 20.10.2024
Schein, E. H. (2018). *Organisationskultur und Leadership.* München: Vahlen.
Schmidt, T. (2008). Konfliktmanagement-Trainings erfolgreich leiten. Der Seminarfahrplan. Bonn: managerSeminare.
Universum (2021). World's Most Attractive Employers 2021. https://universumglobal.com/rankings/wmae-2021/. Zugegriffen: 23.08.2024
Von Rosenstiel, L. (2019). *Arbeits- und Organisationspsychologie: Ein Lehrbuch.* Wiesbaden: Springer Gabler.
Wirth, J. V., & Kleve, H. (2020). Reflektierendes Team (Arist von Schlippe). https://www.carl-auer.de/magazin/systemisches-lexikon/reflektierendes-team. Zugegriffen: 23.08.2024
Wissenschaftliches Institut der AOK (2023). Fehlzeiten-Report 2023: Anhaltend hohe arbeitsbezogene Beschwerden und stetig steigende Fehlzeiten aufgrund psychischer Erkrankungen. https://www.wido.de/news-presse/pressemitteilungen/2023/fehlzeiten-report-2023/. Zugegriffen: 22.10.2024
Zukunftsinstitut (2024). Die Megatrend-Map. https://www.zukunftsinstitut.de/zukunftsthemen/megatrends. Zugegriffen: 24.07.2024

Offboarding 4

4.1 Der letzte Eindruck bleibt

Ein strukturierter und respektvoller Offboarding-Prozess hat in den letzten Jahren zunehmend an Bedeutung gewonnen. Immer mehr wird Offboarding als Bestandteil einer lückenlos professionellen Employee Experience gesehen und die Relevanz des Prozesses für den Gesamteindruck erkannt. Der erste Eindruck zählt und der letzte Eindruck bleibt. Dennoch wird der sogenannte Offboarding-Prozess, das Trennungsmanagement mit scheidenden Mitarbeitern, in vielen Unternehmen noch immer stiefmütterlich behandelt oder ganz negiert. Egal ob der Austritt saisonbedingt, selbst gewählt oder aus anderen Gründen erfolgt, bedarf es sicherzustellen, dass Sie auch diesen Teil der Reise Ihrer Mitarbeiter professionell gestalten und als weiteren Beweis Ihrer individuellen Unternehmenskultur steuern. Bestenfalls gilt für alle Ihre Mitarbeiter, dass sie kommen, um zu bleiben. Die Realität ist eine andere, vor allem in Hotellerie und Gastronomie. Ein professionell organisierter und funktionierender Prozess der Trennung von Mitarbeitern ist daher als wichtige Aufgabe von Eigentümern, Führungskräften und/oder Personalverantwortlichen zu sehen und setzt hohe Sozialkompetenz und Prozesserfahrung voraus.

Offboarding, auch Exit-Management genannt, bezeichnet eben diesen professionell organisierten und standardisierten Prozess von der Trennungsentscheidung bis hin zum tatsächlichen Austritt des Mitarbeiters und darüber hinaus. Offboarding wird zunehmend als letzter wichtiger Schritt der Employee Experience betrachtet. Die Entwicklungen zeigen, dass viele Unternehmen den Offboarding-Prozess als Gelegenheit zu nutzen, die Unternehmenskultur und Werte nochmals zu betonen. Ein gut gestalteter Offboarding-Prozess kann den letzten Eindruck eines Mitarbeiters prägen und beeinflusst, wie dieser das Unternehmen zukünftig wahrnimmt und darüber spricht. Ein positiver Abschluss stärkt das Employer Branding und hinterlässt eine gute Basis für eine mögliche Rückkehr (Boomerang-Effekt). Ein professioneller Offboarding-Prozess kann Defizite in der vorangegangenen Talent Journey nicht ausgleichen, aber Schaden, vor allem auch im Sinne möglicher Negativpropaganda auf Bewertungsportalen, begrenzen. Der Offboarding-Prozess begründet die finale Entscheidung, ob ein ausscheidender Mitarbeiter zum Für- oder Gegensprecher Ihres Unternehmens wird, und bietet eine wertvolle Entwicklungschance für Führungskräfte und Unternehmensprozesse im Allgemeinen. Ein gut durchdachtes Offboarding kann die Unternehmenskultur und das Employer Branding stärken, die Employee Experience gesamtheitlich optimieren, Wissen sichern und positive Beziehungen aufrechterhalten.

Wird die vorangegangene Talent Journey und Arbeitserfahrung als positiv und professionell wahrgenommen, so wird auch ein entsprechender Offboarding-Prozess seitens der Mitarbeiter vorausgesetzt und kann, wenn nicht gut gestaltet, den guten Eindruck des Arbeitgebers durchaus noch wesentlich negativ beeinflussen. Investieren Sie Zeit in einen strukturierten Trennungsprozess, welcher stimmig zu Ihrer Unternehmenskultur und Ihren Werten gestaltet ist und in Folge Vertrauen und Sicherheit vermittelt. Hinterlegen Sie den gesamten Prozess bestenfalls standardisiert mit einem digitalen Vorgang oder einer einfachen Checkliste. Machen Sie den Offboarding-Prozess in Ihrem Handbuch oder Intranet transparent für alle Mitarbeiter.

Stimmig gestaltet und umgesetzt kann der Offboarding-Prozess hingegen einen wertvollen Beitrag im gesamtheitlichen Employer-Branding-Prozess leisten und sich zusätzlich positiv auf Vertrauen, Loyalität, Produktivität und Mitarbeiterrückgewinnung auswirken. Ein gelungener Offboarding-Prozess basierend auf Ihren Werten und getragen durch Ihr Führungsteam ist jedenfalls eine klare Aufwertung für Ihre (Arbeitgeber-)Marke. Sie werden sehen – es zahlt sich in vielerlei Hinsicht aus, sich dem Thema zu widmen.

> **Praxisgeschichte: Wie man Offboarding besser nicht macht**
>
> Natascha hat sich nach erfolgreicher, langjähriger Mitarbeit entschieden, das Unternehmen zu verlassen, um den Schritt in die Selbstständigkeit zu wagen. Sowohl im Kündigungsgespräch (Zitat des Vorgesetzten: „Alles klar, Reisende soll man nicht aufhalten, ich muss jetzt in den nächsten Termin") als auch in einem gesonderten E-Mail bot sie an, die Suche nach einer Nachbesetzung auf ihren Social-Media-Kanälen zu unterstützen, ihren Nachfolger einzuarbeiten und somit eine lückenlose Übergabe zu gewährleisten. Sie würde hierfür auch gerne noch ein bis zwei Monate über ihre Kündigungsfrist hinaus im

4.1 Der letzte Eindruck bleibt

Unternehmen verbleiben. Ihr Vorgesetzter antwortete jedoch kurz und knapp, sie möge das Unternehmen zum ehestmöglichen Zeitpunkt verlassen.

Die Zeit bis zum tatsächlichen Austritt war für Natascha geprägt von Unsicherheit, Intransparenz und nahezu gänzlich fehlender Kommunikation von ihrem Vorgesetzten. Zu Teammeetings wurde sie nicht mehr eingeladen, es fand kein Abschlussgespräch statt und es gab keine Verabschiedung seitens der Geschäftsführung. Zum Abschied erhielt sie zwar von ihren Kollegen ein Geschenk, von ihren Vorgesetzten jedoch nur ein mangelhaftes Dienstzeugnis, ohne persönliche Worte und Wünsche. Die letzte Frage war, ob alle mittel und die Uniform ordnungsgemäß retourniert wurden.

Das Team beobachtet die Reaktion des Vorgesetzten mit Erstaunen. Es entstehen Missmut und Unverständnis angesichts der mangelnden Wertschätzung für die Kollegin. Gerüchte entstehen, welche Vorkommnisse „schuld" an dem angespannten Verhältnis zwischen Natascha und dem Vorgesetzten sein könnten.

Dieser letzte Eindruck prägt und lässt das Dienstverhältnis in einem unangenehmen Licht erscheinen. Er trägt dazu bei, dass Natascha über das Unternehmen wenig positive Worte findet und niemandem den Betrieb empfehlen würde. Die Kollegen bleiben zum Teil verunsichert zurück und beeinflussen so Kultur und Motivation. ◄

Unternehmen investieren viele Ressourcen in die Ausarbeitung von Vision, Philosophie und Werten, scheitern jedoch oftmals daran, diese in der täglichen Operative und Führung spürbar zu machen. Top-Arbeitgeber zeichnen sich unter anderem dadurch aus, dass ihre kommunizierten Werte entlang der gesamten Talent Journey erlebbar gemacht werden. Dies gilt vor allem auch in vermeintlich schwierigen Phasen wie zum Beispiel in der immer öfter vorkommenden Rolle der „Verlassenen" im Trennungsprozess. Scheidende Mitarbeiter hinterlassen teilweise große Lücken, welche es bestmöglich zu füllen gilt. Jede Lücke, wenn auch noch so schmerzvoll, darf im Perspektivenwechsel aber auch als Chance verstanden werden.

Auch aus gruppendynamischer Sicht ist es essenziell, den Wegfall eines Teammitglieds strukturiert, fair und transparent zu begleiten und mit einem standardisierten Prozess zu hinterlegen. Mitarbeiter, die gesehen und individuell als Menschen wahrgenommen werden, engagieren sich erkennbar mehr für Ihren Unternehmenserfolg. Das gilt besonders auch in der heiklen Phase, wenn Kollegen aus dem Unternehmen ausscheiden.

Auch im Hinblick auf Kosten ist es zielführend, das Offboarding aktiv zu gestalten. Positives Offboarding hat einen immensen Wert für Ihre Arbeitgebermarke nach innen und außen, verhindert verminderte Produktivität durch verunsicherte oder negativ beeinflusste Teams und beugt einem Verlust von wertvollem Wissen vor. Nur durch ein geplantes und partnerschaftliches Vorgehen können ein zeitgerechter und vollständiger Wissenstransfer sowie eine mögliche, wenngleich vielleicht auch nur interimistische, Nachfolgeplanung, sichergestellt werden. Vor allem bei (vorübergehenden) Austritten von Schwangeren und Pensionisten empfiehlt es sich, vorausschauend zu agieren statt „in letzter Minute" zu reagieren. Bei Schlüsselpositionen empfehle ich, das im Unternehmen angesammelte Wissen rechtzeitig – bestenfalls laufend und bevor Austrittsambitionen bestehen – systematisch zu dokumentieren. Um einen tragfähigen Prozess der Wissensbewahrung zu gewährleisten, sollte eine ordentliche, laufende, übersichtliche Dokumentation von Wissen und Kontakten bereits von Arbeitsbeginn an in die Stellenprofile integriert sein. So sind Sie nicht auf eine willkürliche, vielleicht sogar rein verbale, Übergabe während des Trennungsprozesses angewiesen. Implementieren Sie, wo sinnvoll und umsetzbar, strukturierte Wissensübergaben, die durch Dokumentationen, Schulungen oder die Einbindung von Nachfolgern begleitet werden. Dadurch wird wertvolles Wissen für das Unternehmen gesichert, und Übergänge werden fließender gestaltet.

> **Ihre persönlichen Reflexionsfragen**
>
> - Lebe ich in meinem Unternehmen bereits einen standardisierten und professionellen Offboarding-Prozess?
> - Basiert der Offboarding-Prozess auf unseren Unternehmenswerten und spiegelt diese wider?
> - Hat mein Team einen einheitlichen, vollständigen und aktuellen Wissensstand zu dem Prozess und den dazugehörigen Vorlagen/Checklisten?
> - Kenne ich die Kosten für ausscheidende Mitarbeiter, damit verbundene Neubesetzungen und eventuelle „Kollateralschäden" (zum Beispiel verminderte Motivation beim verbleibenden Team …)?
> - Werden Wissen und Kontakte in meinem Unternehmen standardisiert, vollständig und laufend dokumentiert und aktualisiert? Ist meinem gesamten Team dieser Prozess bekannt?

4.2 Offboarding konkret – wie kann es gelingen?

4.2.1 Gefühle und Emotionen im Trennungsprozess

Die erste Reaktion auf ein geäußertes Austrittsvorhaben ist in vielen Fällen Unmut des Vorgesetzten, welcher den individuellen Austrittswunsch in einer ersten

4.2 Offboarding konkret – wie kann es gelingen?

Empfindung als Verrat wahrnimmt. Auch im Umkehrfall, wenn Sie den Mitarbeiter aufgrund unterschiedlicher Wertvorstellungen kündigen müssen, herrscht in vielen Fällen eine eher negativ behaftete Stimmung.

Der Wunsch, gute Mitarbeiter für immer zu halten, ist nachvollziehbar, allerdings selten realistisch. Nehmen Sie also vom Mitarbeiter gewählte Austritte nicht persönlich und nehmen Sie sie ernst.

Ihre Haltung gegenüber dem betroffenen Mitarbeiter sollte bis zuletzt durch Ihre Werte und Ihre Unternehmenskultur sowie durch Wertschätzung für die bis dato geleistete Arbeit und Respekt für die Entscheidung des Mitarbeiters geprägt sein. Das gilt auch für Mitarbeiter, die das Unternehmen auf Ihren Wunsch hin verlassen. Allein bei fristlosen Entlassungen ist der standardmäßige Offboarding-Prozess als verkürzt zu sehen.

Geben Sie sowohl Ihren eigenen als auch den Gefühlen und Emotionen des austretenden und der verbleibenden Mitarbeiter im Zuge des Prozesses ausreichend Raum. Bieten Sie nach Möglichkeit Coachings und/oder (mentale) Begleitung an, bestenfalls durch neutrale, eventuell externe Personen, und versuchen Sie, eine für alle Seiten akzeptable Lösung für die Trennung zu finden. In Ausnahmefällen kann auch ein Coachingangebot für die erste Zeit nach dem tatsächlichen Austritt sinnvoll sein und große Wertschätzung demonstrieren. Wenn möglich, nehmen Sie im Sinne Ihrer Unternehmenskultur und Werte auch Rücksicht auf etwaige soziale Aspekte. Sollte die Kündigung von Ihrer Seite ausgehen, können Sie im Vorfeld Fairness zeigen, indem Sie nach Möglichkeit noch die Alternative der Beschäftigung in einem anderen Bereich oder Team prüfen.

Manche Unternehmen reagieren mit einem Gegenangebot auf Kündigungen. Im Einzelfall vielleicht (kurzfristig) notwendig, hat diese Reaktion nur in den seltensten Fällen ein langfristiges, wertvolles Miteinander zur Folge.

Ihre persönlichen Reflexionsfragen

- Wenn ich an die letzte von einem Mitarbeiter ausgesprochene Kündigung denke – welche Gefühle nehme ich bei mir selbst wahr? Wie war meine Haltung gegenüber dem scheidenden Teammitglied? Wie bin ich mit der Situation umgegangen?
- Wenn ich an die letzte von mir ausgesprochene Kündigung denke – welche Gefühle nehme ich bei mir selbst wahr? Wie war meine Haltung gegenüber dem scheidenden Teammitglied? Wie bin ich mit der Situation umgegangen?
- Biete ich ausscheidenden Mitarbeitern im Bedarfsfall professionelle (externe) Begleitung für den Trennungsprozess an? Wenn nicht, könnte dies in manchen Fällen vielleicht ein für beide Seiten wertvolles Angebot sein?

4.2.2 Kommunikation und sichtbare Wertschätzung als Erfolgsfaktoren

Übernehmen Sie Verantwortung für eine transparente und einheitliche Kommunikation. Je rascher die Einigung auf die Austrittsrahmenbedingungen erfolgt sowie die offizielle Sprachregelung geklärt wird, desto besser. Oft startet vor der offiziellen Kommunikation bereits eine informelle Kommunikation – entweder von Seite des Mitarbeiters mit Austrittsabsicht oder vom Vorgesetzen aus. Ziel muss es sein, diese „Gerüchteküche" so gut wie möglich zu vermeiden. Vielfach bleiben auch bereits fixierte Austritte ein Geheimnis zwischen Vorgesetzen und dem betroffenen Mitarbeiter. Wenig stresst ein Team mehr als Missverständnisse, Geheimnisse, intransparente Kommunikation und schlimmstenfalls daraus resultierende Gerüchte und Vermutungen. Sorgen Sie für Offenheit und Transparenz im Sinne Ihres Betriebsklimas und laden Sie Ihr Team ein, es Ihnen gleich zu tun. Je standardisierter ein Offboarding-Prozess auch im Hinblick auf die interne Kommunikation gestaltet ist, desto weniger Schaden entsteht durch informelle Kommunikation.

Nur wenn Sie Ihr verbleibendes Team informiert halten, kann es für die gemeinsame, neue Situation auch Verantwortung übernehmen und notwendigenfalls Lösungen finden beziehungsweise anbieten. Beziehen sie es in die Gestaltung der möglicherweise notwendigen Änderungen in der Operative und Hierarchie mit ein. Durch offene und zeitgerechte Kommunikation kann auch der bereits erwähnte notwendige Wissenstransfer sichergestellt werden, das Vertrauen in die Integrität der Führung erhalten bleiben und die Loyalität auf Seiten der verbleibenden Mitarbeiter gestärkt werden.

Bieten Sie den verbleibenden Mitarbeitern proaktiv Gespräche an, um diese mit ihren Anliegen, möglichen Ängsten vor zusätzlicher Arbeitslast oder auch Arbeitsplatzverlust und Unsicherheiten zu sehen und adäquat begleiten zu können. Die mit dem Weggang von vielleicht langjährig geschätzten Kollegen oder Führungskräften einhergehenden Emotionen dürfen nicht unterschätzt werden. Im Anlassfall bieten sich auch hier, wie bereits erwähnt, begleitende Coachings durch externe Personen zur Stabilisierung an.

Ein geordneter Austritt ist auch in Richtung sämtlicher Stakeholder sowie für einen Nachfolger von großem Vorteil. Die gemeinsam abgestimmte Information von sämtlichen Stakeholdern, je nach Unternehmen, muss auch Teil des Offboarding-Prozesses sein.

Etablieren Sie eine Unternehmenskultur, in welcher offene und konstruktive Austrittsgespräche selbstverständlich sind. Unter den Vorzeichen des bevorstehenden Austritts sind Rückmeldungen am Ende meist noch ehrlicher und deutlicher als vielleicht zuvor und bieten wertvolle Hinweise auf mögliche Potenziale, die Employee Experience zu optimieren. Voraussetzung hierfür ist, dass von Beginn der Talent Journey an eine entsprechende Kommunikationskultur und Vertrauen gefördert und gelebt werden. Um dem gerecht zu werden, sollten Schulungen und/oder Coachings zu den Themen Kommunikation in allen Facetten inklusive Gesprächsführung, Konflikt- und Emotionsmanagement und Körpersprache Voraussetzung für alle Führungskräfte sein.

Nehmen Sie sich für die Gespräche Zeit und schaffen Sie einen ungestörten Rahmen. Unterbrechungen durch Kollegen, Gäste oder Anrufe und ein kurzer Wortwechsel „zwischen Tür und Angel" sind hierbei fehl am Platz. Widmen Sie Ihrem Gegenüber Ihre volle Aufmerksamkeit und ehrliche Präsenz. Sehen Sie diesen vorab gut organisierten und abgestimmten Termin als weiteren Schritt in Richtung Ihrer Weiterentwicklung als Arbeitgeber, Führungskraft und gesamtes Unternehmen. Meine Empfehlung geht zusätzlich in Richtung einer digitalen und anonymen Befragung. Auch wenn die Kommunikationsbasis gut ist, fällt Feedback und vor allem Kritik in Richtung einer Eingabemaske meist leichter als direkt an ein menschliches Gegenüber gerichtet. Außerdem kann so der menschliche Interpretationsspielraum bis zu einem gewissen Grad eliminiert werden.

Um die Weiterentwicklung Ihres Unternehmens und die Glaubwürdigkeit dieser Gespräche zu fördern, ist es empfehlenswert, die Austrittsgründe und aufgedeckten Schwachstellen in der Employee Experience und darüber hinaus systematisch statistisch zu erfassen und mit Maßnahmen – bestenfalls gleich versehen mit Zeitrahmen und Verantwortlichem – strategisch gegenzusteuern. Bestenfalls dokumentieren und kommunizieren Sie diese Maßnahmen intern, um auch im bestehenden Team die Relevanz und Ernsthaftigkeit der Austrittsgespräche zu belegen und Ihre ehrliche Ambition zu laufender Entwicklung unter Beweis zu stellen. Bedenken Sie: Je besser die Fragen, desto wertvoller meist auch die Antworten. Nutzen Sie die Gelegenheit, sich selbst als Führungskraft zu reflektieren und weiterzuentwickeln. Greifen Sie die Themen nach Möglichkeit in Führungskräfte-Coachings auf und verarbeiten Sie diese zu neuen Perspektiven und Entwicklungschancen für Ihren eigenen Weg.

> **Inspiration für mögliche Fragen in Austrittsgesprächen**
> Während Ihnen einige Fragen helfen, sich als Arbeitgeber laufend weiterzuentwickeln, können manche Fragen eine wertvolle Möglichkeit sein, ausscheidende Mitarbeiter als Botschafter zu gewinnen und die Antworten in Ihrem Storytelling und Branding nach innen und außen zu nutzen.

- Welche Faktoren haben zu Ihrer Austrittsentscheidung geführt?
- Wann und warum haben Sie begonnen, sich nach einer neuen Aufgabe umzusehen?
- Welche Erwartungen, die Sie zu Beginn an uns hatten, konnten wir nicht erfüllen?
- Wie hätten wir Ihren Austritt verhindern oder verzögern können?
- Hatten Sie alle Arbeitsmittel und die Unterstützung, die Sie brauchen, um Ihre Aufgaben zu erfüllen?
- Wenn Sie an meiner Stelle wären, welche drei Maßnahmen würden Sie sofort umsetzen, um 1. ein noch besserer Arbeitgeber zu sein, um 2. eine noch wirksamere Führungskraft zu sein und um 3. unser Produkt zu verbessern?
- Was waren drei positive Highlights aus Ihrer Zeit bei uns im Unternehmen?
- Was können wir von Ihrem zukünftigen Arbeitgeber lernen?
- Gibt es Ihrer Meinung nach Kollegen im Unternehmen, deren Talente zu wenig gesehen oder gefördert werden?
- Würden Sie uns als Arbeitgeber/Ausbildungsbetrieb weiterempfehlen? Wenn ja, wieso, wenn nein, wieso nicht?
- Was haben wir besser gemacht als Ihre bisherigen Arbeitgeber?
- Was haben wir schlechter gemacht als Ihre bisherigen Arbeitgeber?
- Was waren die drei Highlights Ihrer Ausbildung bei uns?
- Was müssten wir erfüllen, damit Sie nach Ausbildungsende zu uns ins Team zurückkehren?
- Wie würden Sie Ihre Zeit bei uns in drei Sätzen beschreiben?
- Worauf sollten wir Ihrer Empfehlung nach bei einer Neubesetzung achten?
- Welche Frage würden Sie gerne noch gestellt bekommen?

Vor allem, aber nicht nur die jüngeren Generationen Y, Z und Alpha wünschen sich, dass ihr jeweiliger Beitrag zum Unternehmenserfolg sichtbar gemacht und gewürdigt wird. Beherzigen Sie das im Zuge des Offboardings. Fördern und unterstützen Sie eine Kultur, in der sich auch die jeweiligen Teams und Kollegen gebührend vom ausscheidenden Mitarbeiter verabschieden. Vor allem bei Auszubildenden, Praktikanten, Pensionierungen, Mutterschaftsurlauben und langjährigen Top-Mitarbeitern darf der Wert einer persönlichen Verabschiedung beziehungsweise Feier, wenn auch nur in überschaubarem Rahmen, nicht unterschätzt werden. Ein kleines Geschenk, individuell oder an Ihr Produkt gebunden, rundet den Abschied ab.

Sollten Mitarbeiter, aus welchen Gründen auch immer, jegliche Art der Verabschiedung ablehnen, ist das zur Kenntnis zu nehmen. Dennoch sollte vom Unternehmen ein Weg gefunden werden, wenn auch vielleicht nur per Post übermittelt, um sich den eigenen Werten getreu zu verabschieden – auch wenn es dem scheidenden Mitarbeiter in der aktuellen Situation nicht möglich ist.

Ihre persönlichen Reflexionsfragen

- Habe ich den Offboarding-Prozess in meinem Unternehmen mit einem standardisierten Kommunikationsprozess für intern und extern hinterlegt, welcher dem gesamten Team bekannt ist?
- Biete ich dem verbleibenden Team proaktiv Gespräche an, um Ängste etc. rechtzeitig zu erkennen und Stabilität und Klarheit zu bieten?
- Fühle ich mich ausreichend geschult (zum Beispiel Körpersprache, Gesprächsführung ...), um diese Gespräche zu führen, und biete ich auch meinen Führungskräften entsprechende Schulungen beziehungsweise Coachings an? Was könnten wir hier noch tun?
- Erfasse ich Austrittsgründe systematisch und mit Maßnahmen hinterlegt, welche dem Team transparent und aktuell kommuniziert werden? Welche Schritte kann ich heute noch setzen, um dieses System zu implementieren oder zu optimieren?

4.2.3 Der administrative Offboarding-Prozess

Aus administrativer Sicht müssen die Vorgänge des Onboardings rückgängig gemacht werden. Sinnvoll ist es daher, einen Laufzettel zu implementieren, auf welchem beim Onboarding alle ausgegebenen Dinge und Zugänge festgehalten und der Erhalt mit Unterschrift bestätigt wurde. Im Zuge des Offboardings kann diese Liste mittels Rückgabe und entsprechenden Unterschriften der zuständigen Stellen (zum Beispiel Housekeeping für die Uniform, Personalbüro für Schlüssel ...) übersichtlich wieder rückgängig gemacht werden. Auch eine gegebenenfalls gestellte Unterkunft soll im Zuge eines gemeinsam definierten Termins kontrolliert werden, um die bestenfalls hinterlegte Kaution an den Mitarbeiter im Zuge der Endabrechnung auszuzahlen und/oder notwendige Abzüge gemeinsam schriftlich festzuhalten.

Das Dienstzeugnis sollte proaktiv seitens Dienstgeber spätestens mit der Endabrechnung übermittelt werden. Vermeiden Sie lange Wartezeiten oder gar die Notwendigkeit, dass der ausgeschiedene Mitarbeiter dem Dienstzeugnis „nachlaufen" muss.

Der zunehmende Fokus auf Datenschutz und Compliance hat dazu geführt, dass Offboarding-Prozesse stärker formalisiert und dokumentiert werden. Unternehmen achten darauf, dass sensible Daten rechtzeitig gelöscht oder ordnungsgemäß übergeben werden und dass alle rechtlichen Vorgaben, insbesondere in Bezug auf arbeitsrechtliche Vorschriften und Datenschutz, eingehalten werden.

Im Sinne eines professionellen Controllings der Fluktuation und daraus resultierender Kosten empfiehlt es sich, Kennzahlen zu erfassen. Im Vergleich zur Fluktuationsquote und damit verbundenen Kosten sind wirksame Investitionen in Führungskräfte und Mitarbeiter an anderer Stelle der Reise durch Ihr Unternehmen oftmals vergleichsweise gering und könnten eine hohe Fluktuation verhindern. Ebenso kann unter anderem ein gelungenes Onboarding Fluktuation vermeiden. Die Fluktuationsquote gibt auch Auskunft über die Qualität Ihrer Personalauswahl und die Mitarbeiterzufriedenheit. Bedenken Sie auch den hohen Arbeitsaufwand für Ihre(n) Personalverantwortlichen, welcher durch zahlreiche Austritte und Eintritte verursacht wird. Erfassen Sie nach Möglichkeit auch die Austrittsgründe und arbeiten Sie damit im Zuge eines kontinuierlichen Verbesserungsprozesses weiter. Betrachten Sie die Fluktuation auch differenziert im Hinblick auf Altersgruppen, Abteilungen, Nationen und Saisonzeiten. Eine Fluktuation in der Zwischensaison ist gängig und anders zu betrachten als Austritte während einer laufenden Saison.

$$\text{Fluktuationsquote} = \frac{\text{Anzahl der Mitarbeiter} - \text{Abgänge im Zeitraum X}}{\text{Gesamtzahl der Mitarbeiter zu Beginn von Zeitraum X}}$$

Hinweis Die Anzahl der Mitarbeiter-Abgänge sollte entweder nur jene Mitarbeiter beinhalten, die selbstveranlasst aus dem Unternehmen ausgeschieden sind oder Trennungen ausgehend von Mitarbeitern und Ihnen. Austritte durch Zeitablauf (wie bei Praktikanten), Pensionierungen und Karenzen sollten nicht in der Kennzahl verwendet werden.

Fluktuation und damit verbundene Kosten sind stille Gewinnvernichter, denen Sie unbedingt Aufmerksamkeit schenken sollten.

> **Ihre persönlichen Reflexionsfragen**

- Ist in meinem Unternehmen ein standardisierter, administrativer Offboarding-Prozess implementiert und dem gesamten Team bekannt?
- Stelle ich sicher, dass scheidende Mitarbeiter bei Austritt ein Dienstzeugnis erhalten?
- Erfasse ich die wichtigsten Kennzahlen zum Thema Offboarding und mache so entstandene Kosten transparent?

4.3 Offboarding – ein unterschätzter Erfolgsfaktor im Employer Branding

Gelungenes Offboarding stärkt Ihre (Arbeitgeber-)Marke nach innen und außen und wird Ihr (Personal-)Marketing und Recruiting unbezahlbar unterstützen. Das Ehemaligenbeziehungsmanagement, bisher eher aus dem schulischen und universitären Kontext bekannt, gewinnt zunehmend auch für Unternehmen an Bedeutung. Stellen Sie sicher, dass die Reise durch Ihr Unternehmen, vor allem für Top-Mitarbeiter, nicht mit dem Austrittsdatum endet.

Es kann von großem Wert für Ihr Unternehmen sein, wenn Mitarbeiter Erfahrungen sammeln, um dann wieder mit neuen Ideen, Wissen und Perspektiven zu Ihnen zurückzukehren. Halten Sie Ihre Türen folglich für diese sogenannten Boomerang-Mitarbeiter offen und sprechen Sie entsprechende Einladungen immer wieder aus.

Tragen Sie mit einem strukturierten und reibungslosen Offboarding-Prozess proaktiv dazu bei, dass Ihre ehemaligen Mitarbeiter nach außen als Botschafter entsprechende Bewertungen verfassen, Anekdoten aus der gemeinsamen Zeit erzählen und bestenfalls sogar zukünftige Mitarbeiter an Sie weiterempfehlen und/oder selbst zu einem späteren Zeitpunkt zu Ihrem Team zurückkehren. Unterschätzen Sie nicht den Wert von positiven Erinnerungen und Geschichten, welche Ihre ehemaligen Mitarbeiter nach außen tragen, vielfach auch in Richtung Ihrer Gäste und Partner. Neben der Chance, austretende Mitarbeiter als Boomerang-Mitarbeiter wieder einstellen zu dürfen oder zumindest als Markenbotschafter zu gewinnen, können sich durchaus auch andere interessante Kooperationen oder eine Geschäftspartnerschaft in Zukunft ergeben.

Praxisgeschichte: Wie Offboarding gelingen kann

Nina hat das Urlaubsresort vor einigen Jahren aufgrund einer geografischen Veränderung ihrer Familie als Führungskraft verlassen. Abgesehen von einem wertschätzenden Offboarding blickt sie auf eine lehrreiche, spannende, arbeitsintensive und auch lustige Zeit im Unternehmen zurück. Ihr Vorgesetzter und sie sind stets in Kontakt geblieben, und so hat Nina nie die Verbindung zum Unternehmen verloren. Für offene Stellen hat sie immer wieder Kollegen empfohlen und das Resort auch als Urlaubsdestination an Familie und Freunde empfohlen. Ihre Eltern sind heute noch Stammgäste, begeistert von der besonderen Wertschätzung, welche ihnen bei Aufenthalten im Resort entgegengebracht wird. Als sich Nina fast zehn Jahre nach ihrem Austritt selbstständig gemacht hat, ist sie als Beraterin ins Unternehmen zurückgekehrt. Für Nina ein toller Projektauftrag und für das Unternehmen ein toller Mehrwert, da Nina mit den Unternehmensstrukturen und auch noch mit zahlreichen Mitarbeitern und somit Mitgestaltern vertraut ist. Nina erwartet nun ihr erstes Kind, und wir dürfen gespannt sein, wohin es die Tochter beruflich verschlägt. Das Resort ist jedenfalls eine Option, wenn es nach ihrer Mama geht. ◄

Schaffen Sie Möglichkeiten, um weiterhin in Kontakt zu bleiben, sich gegenseitig auf dem Laufenden zu halten und vielleicht auch Ihr „Ehemaligen-Team" untereinander zu vernetzen und emotional an Ihr Unternehmen gebunden zu halten.

Abgesehen von möglichen Events für „Ehemalige", wo sich alle bei Ihnen vor Ort treffen, vernetzen und austauschen können, kann es auch eine nette Geste sein, weiterhin Geburtstagsmailings zu senden und diese mit Einladungen (zum Beispiel ein F&B Gutschein o.Ä.) oder kleinen gebrandeten Geschenken zu ergänzen. Zur Vernetzung eignen sich unter anderem auch webbasierte Netzwerkplattformen und entsprechende Gruppen. Vielleicht kann es auch sinnvoll sein, pensionierte Mitarbeiter projektbezogen als Experten oder als flexible Aushilfen für Zeiten der Hochsaison und personelle Engpässe einzubinden.

Im Falle, dass Ihre „Ehemaligen" nicht als Teammitglieder zurückkommen, ist es dennoch wertvoll, mit den Besten der Branche vernetzt zu sein und in guter Erinnerung zu bleiben. Denken Sie also daran, Ihre scheidenden Top-Mitarbeiter noch während des Offboardings in die entsprechenden Datenbanken einzugeben und gegebenenfalls in Ihre Netzwerke einzuladen. Sie leiten so den Beginn der neuen Beziehungsphase zu Ihrem ehemaligen Mitarbeiter ein.

Ihre persönlichen Reflexionsfragen

- Ist mir der Wert von scheidenden Mitarbeitern als Botschafter für mein Unternehmen bekannt und übernehme ich Verantwortung für deren Erfahrungen in meinem Haus?
- Schaffe ich Möglichkeiten für Kontakt und Austausch auch über den Austrittstag hinaus? Was könnte ich diese Woche noch tun, um hier noch besser zu werden? Wer könnte mich unterstützen?

Weiterführende Literatur
- Gaßmann, A. (Hrsg.) (2022). Offboarding: Fach- und Führungskräfte verlassen die Organisation. Lambertus, Freiburg.
- Heun-Lechner, O. (2021) Trennungsgespräche fair führen: Leitfaden für Führungskräfte und Personalverantwortliche. Springer Gabler, Wiesbaden.

Employee Experience Design für Ihr Unternehmen 5

5.1 Gelungene Organisationsentwicklung

Organisationsentwicklung ist ein systematischer und kontinuierlicher Prozess, der darauf abzielt, die Leistungsfähigkeit und Anpassungsfähigkeit einer Organisation zu verbessern. Es bedeutet, dass Unternehmen ihre internen Strukturen, Prozesse und ihre Kultur kontinuierlich überprüfen und anpassen, um den sich ständig wandelnden Anforderungen des Marktes gerecht zu werden. Dabei werden sowohl die Effizienz der betrieblichen Abläufe als auch die Zufriedenheit und Motivation der Mitarbeitenden in den Mittelpunkt gestellt. Sind es doch oftmals interne Strukturen und Prozesse, die entscheidend für die Mitarbeiterzufriedenheit und deren Motivation sind und entsprechend über Erfolg entscheiden. Organisationsentwicklung ist nicht als einmalige Maßnahme zu verstehen, sondern, ähnlich dem Employee Experience Design, als fortlaufender Prozess, der sich an den Bedürfnissen des Unternehmens, des Teams und den äußeren Rahmenbedingungen orientiert. Im Tourismus – einer Branche, die von Veränderungen in der Nachfrage, saisonalen Schwankungen und globalen Ereignissen durchaus betroffen ist – ist eine dynamische Organisationsentwicklung besonders wichtig und Grundvoraussetzung für das Gelingen von Employee Experience Design und authentischem Employer Branding. So ist auch Employee Experience Design kein einmaliges Projekt, sondern ein laufender Qualitätsanspruch an Unternehmer und Führungskräfte. Das fundierte Wissen um Organisationsentwicklung ist die Basis für sämtliche Initiativen und Prozessen im Bereich Employee Experience Design. Das Ziel sind professionelle, wertschätzende, zum Unternehmen stimmige und zeitgemäße Erfahrungen und Erlebnisse für Ihr Team. Überlassen Sie das nicht dem Zufall.

Eine positive Unternehmenskultur ist der Schlüssel für motivierte und engagierte Mitarbeitende. Organisationsentwicklungsprozesse können beispielsweise dazu beitragen, Kommunikationswege zu verbessern, Vertrauen zu stärken und eine Kultur des kontinuierlichen Lernens und der Innovation zu etablieren. Durch die Analyse und Optimierung von Prozessen können außerdem Ressourcen effektiver genutzt und Kosten gesenkt werden. Dies ist besonders wichtig in einer Branche, in der Margen teilweise gering sind und der Kostendruck hoch ist. Organisationsentwicklung unterstützt außerdem die Fähigkeit, innovative Dienstleistungen und Produkte zu entwickeln. Die notwendigen Strukturen und Freiräume, in denen kreative Ideen entstehen und umgesetzt werden können, werden durch professionelle Organisationsentwicklung geschaffen und ermöglicht.

5.1.1 Schritt für Schritt zum Erfolg

Der Erfolg von Organisationsentwicklung hängt von verschiedenen Faktoren ab, die sich in einem strukturierten Ansatz widerspiegeln. Nachfolgend sind einige wesentliche Schritte aufgeführt, die Sie berücksichtigen sollten.

Schritt eins und Schritt zwei können je nach Modell der Strategieentwicklung auch jeweils den Platz tauschen. Bei einer sogenannten abgeleiteten Strategie startet man mit der Zielsetzung, analysiert dann die Situation und definiert in Folge den Entwicklungsbedarf und die entsprechenden Maßnahmen. Bei der sogenannten nicht-abgeleiteten Strategie startet man mit der Analyse, gefolgt von der Zielsetzung und daraus ergibt sich der Bedarf für Entwicklung und die Maßnahmen (Rowold, 2015).

- **Analyse und Diagnose**
Der erste Schritt ist eine gründliche Analyse der aktuellen Situation. Dies umfasst unter anderem die Bewertung der Organisationsstruktur, der internen Abläufe und Kommunikation, der Unternehmenskultur und der externen Einflüsse. Daraus können konkrete Handlungsfelder und gezielte Maßnahmen abgeleitet werden. Vor allem, aber nicht nur, für KMUs und Familienbetriebe bietet sich zumindest für die Status-quo-Erhebung eine externe, neutrale Begleitung an. Die Annahme „Wir können uns alles sagen" wird erfahrungsgemäß hin und wieder als Argument für eine rein interne Erhebung genutzt. In der Praxis zeigt sich jedoch, dass Raum für anonyme Gespräche mit externen Personen zu wesentlich umfangreicheren und konstruktiveren Daten und kreativeren Impulsen aus dem Team führt. Unabhängig davon, wie der Status quo erhoben

wird, empfehle ich, nicht nur ausschließlich auf das eigene Bauchgefühl und die persönliche Perspektive als Unternehmer oder Führungskraft zu setzen.
- **Zielsetzung**
Auf Basis der Analyse werden klare Ziele formuliert. Diese sollten sowohl kurz- als auch langfristige Perspektiven abdecken und mit der Gesamtstrategie des Unternehmens übereinstimmen. Im Falle von Employee-Experience-Projekten ist es bewährte Praxis, das (Führungs-)Team in diesen Prozess miteinzubeziehen. Überlegen und gestalten Sie mit dem Team statt für das Team. Ein intensiver Austausch zu den unterschiedlichsten Themen ist jedenfalls lohnend, um die Perspektive der Zielgruppe zu kennen, zu verstehen und zu nutzen. Ein anderer Ansatz ist, branchen- und themenfremde Personen zu Brainstorming-Runden dazuzuholen. Der Satz „Wir sind uns meistens schnell einig" ist nicht unbedingt ein Qualitätsmerkmal von Teams und ein Treiber von Innovation. Probieren Sie es aus! Klären Sie in diesem Schritt auch alle Erwartungen und Rollen – sowohl von Eigentümern, Geschäftsführung, Assistenzen, Personalverantwortlichen, Führungskräften als auch anderen involvierten Stellen. Sorgen Sie für ein gemeinsames Verständnis, gemeinsames Wofür und gemeinsames Ziel für das geplante Projekt.
- **Maßnahmenplanung und -umsetzung**
Die entwickelten Strategien müssen durch konkrete Maßnahmen in die Praxis umgesetzt werden. Hierbei ist es wichtig, die Mitarbeitenden frühzeitig einzubeziehen und klare Verantwortlichkeiten zu definieren. Maßnahmen können zum Beispiel die Einführung neuer Technologien, die Anpassung von Arbeitsprozessen oder Schulungsprogramme für Mitarbeitende umfassen. Stellen Sie immer sicher, dass Sie über Feedback der betroffenen Zielgruppe verfügen. Ansonsten passiert, was ich oft in der Praxis erleben darf: Wohlgemeinte und nach außen wohlklingenden Maßnahmen und Ideen werden nicht angenommen und führen zu Demotivation und Unzufriedenheit, weil sie am Bedarf und den Erwartungen der Zielgruppe vorbei umgesetzt wurden.
- **Kontinuierliche Überwachung und Anpassung**
Organisationsentwicklung ist ein dynamischer Prozess, der ständiger Überwachung bedarf. Durch regelmäßige Feedback-Schleifen und die Auswertung von Kennzahlen kann die Effektivität der eingeleiteten Maßnahmen überprüft und bei Bedarf angepasst werden. Flexibilität ist hierbei entscheidend, um auf unvorhergesehene Entwicklungen reagieren zu können.
- **Förderung einer Innovationskultur**
Für eine erfolgreiche Organisationsentwicklung ist es wichtig, eine Kultur des Lernens und der kontinuierlichen Verbesserung zu etablieren. Mitarbeitende sollten ermutigt werden, neue Ideen einzubringen und aus Fehlern zu lernen.

Dies schafft ein innovatives Arbeitsumfeld, das Veränderungen nicht als Bedrohung, sondern als Chance wahrnimmt.
- **Change-Kommunikation**
Kommunikation ist besonders wichtig in Zeiten des Wandels und von Veränderungsprozessen, um Unsicherheiten zu minimieren und die Mitarbeiter durch den Prozess zu begleiten. Eine klare und transparente Kommunikation über die Gründe und Ziele der Veränderung hilft, Vertrauen aufzubauen und Akzeptanz zu fördern. Mitarbeiter sollten frühzeitig in den Veränderungsprozess einbezogen werden, um ihre Bedenken und Ideen zu berücksichtigen. Durch regelmäßige Updates und offene Dialoge kann Widerständen entgegengewirkt und ein positiver Übergang unterstützt werden.

Für eine erfolgreiche Organisationsentwicklung ist das Engagement der Führungsebene unerlässlich. Führungskräfte müssen nicht nur die Vision und Strategie vorgeben, sondern auch als Vorbilder im Veränderungsprozess agieren. Indem sie eine offene Kommunikation fördern und die Mitarbeitenden in den Prozess einbeziehen, schaffen sie die Grundlage für eine erfolgreiche und nachhaltige Organisationsentwicklung.

In einer so dynamischen und wettbewerbsintensiven Branche wie dem Tourismus kann eine gut durchdachte und effektiv umgesetzte Organisationsentwicklung der Schlüssel zum langfristigen Erfolg sein. Unternehmen, die diese Prozesse aktiv gestalten, können nicht nur ihre interne Effizienz steigern, sondern auch besser auf die Bedürfnisse ihrer Gäste und Mitarbeiter eingehen und sich somit einen entscheidenden Wettbewerbsvorteil sichern.

Denken Sie bei Organisationsentwicklungsprojekten im Bereich Personalmanagement unbedingt daran, Ihre Verantwortlichen mit der notwendigen „Hausmacht" auszustatten. Die Personalabteilung ist an den meisten Stellen rein Designer und Koordinator, Umsetzer sind die Führungskräfte. So manche wertvollen Employer-Excellence-Projekte sind schon an der fehlenden Durchsetzungsmöglichkeit von Personalverantwortlichen, oftmals hierarchisch auf gleicher Ebene wie andere Abteilungsleiter, gescheitert. Neben der klaren Einordnung als interner Dienstleister für das Führungsteam und als Verwaltungsstelle, ist es unabdingbar, der Personalabteilung auch den ihr zustehenden Expertenstatus zuzugestehen und entsprechende Vollmacht im Hinblick auf Employer-Excellence-Themen betreffende Entscheidungen und interne Ausrollungen zu geben. Ihre Personalabteilung ist in allen Organisationsentwicklungsprozessen bestenfalls strategischer Partner. Im Optimalfall starten Sie das Employee Experience Design in der Personalabteilung. Professionelle und effiziente Strukturen, Wohlbefinden und Motivation dieser Mitarbeiter sind die Basis für das Gelingen aller anderen internen Themen. Die Gestaltung von Employee Experience ist ein iterativer Prozess. Bleiben Sie also dran und bedenken Sie, dass die Employee Experience in der Realität von jedem einzelnen im Unternehmen mitgestaltet wird.

Ihre persönlichen Reflexionsfragen

- Habe ich bereits Erfahrung mit Organisationsentwicklungsprojekten? Wenn ja, was ist damals gut gelaufen und was könnte aus heutiger Sicht besser gemacht werden?
- Hätte die personalverantwortliche Person in meinem Unternehmen sowohl die entsprechenden Befugnisse als auch die fachlichen und persönlichen Voraussetzungen für die Umsetzung eines Organisationsentwicklungsprojektes?

5.1.2 Aufgabenklarheit als Basis

In jedem Unternehmen ist die Klarheit über Rollen und Verantwortlichkeiten von zentraler Bedeutung für den reibungslosen Ablauf der täglichen Geschäftsprozesse und den Erfolg von Organisationsentwicklungsprojekten. Klare Rollen und ein Organigramm sind nicht nur organisatorische Werkzeuge, sondern auch wesentliche Elemente für den Erfolg Ihres Unternehmens.

Ein transparentes Organigramm und klare Stellen- und Rollenbeschreibungen stellen sicher, dass jede Person im Unternehmen genau weiß, welche Aufgaben und Verantwortlichkeiten sie hat. Dies verhindert Überschneidungen und Verwirrung darüber, wer für bestimmte Aufgaben und Ziele zuständig ist. Das Risiko von liegengelassenen Entscheidungen wird dadurch minimiert. Wenn Mitarbeitende genau wissen, welche Aufgaben sie übernehmen sollen, kann dies die Motivation und Effizienz steigern und die Qualität der Arbeit wesentlich verbessern. Ein gut strukturiertes Organigramm visualisiert Stellen und die Hierarchie im Unternehmen. Es zeigt, wie die verschiedenen Abteilungen und Funktionen miteinander verbunden sind und wie die Informationsflüsse gestaltet sind. Dadurch wird deutlich, wer wem unterstellt ist, welche Führungskräfte welche Teams leiten und welche Berichtswege existieren. Dies vereinfacht die Kommunikation und reduziert Missverständnisse und Konflikte. Ein Organigramm hilft auch dabei, die Verantwortlichkeiten und Entscheidungswege sichtbar zu machen. Es zeigt, wer in der Hierarchie Entscheidungsbefugnisse hat, und welche Ebenen konsultiert werden müssen, bevor eine Entscheidung getroffen werden kann. Dies kann besonders in

Krisensituationen von Vorteil sein, da es die Entscheidungsprozesse beschleunigt und Reibungsverluste minimiert.

Wer seine Stelle und Einordnung genau kennt, weiß auch, welche Entwicklungsmöglichkeiten bestehen. Klare Stellenbeschreibungen bieten Orientierung und ein Organigramm kann zeigen, wie Karrierewege im Unternehmen aussehen könnten. Mitarbeitende, die ihre Position innerhalb des Unternehmens kennen, fühlen sich oft sicherer und motivierter. Sie können besser einschätzen, wie sie sich weiterentwickeln und welche Fähigkeiten sie ausbauen müssen, um in ihrer Karriere voranzukommen. Dies fördert die Mitarbeiterbindung und trägt dazu bei, dass wertvolles Wissen und Erfahrung im Unternehmen bleiben.

5.2 Die Rolle von KI und digitalen Tools

Die Digitalisierung hat längst auch den Tourismus erfasst und verändert, wie Unternehmen arbeiten und mit ihren Mitarbeitern interagieren. Vor allem im Personalwesen gibt es zahlreiche (Verwaltungs-)Aufgaben, welche leicht digitalisiert werden können. In einer Branche, die stark auf menschliche Interaktionen und persönliche Erlebnisse setzt, stellt der Einsatz von Künstlicher Intelligenz (KI) und digitalen Tools eine bedeutende Erweiterung, aber aus meiner Sicht niemals Ersatz, dar. In diesem Abschnitt betrachten wir, wie der Einsatz von digitalen Tools und Künstlicher Intelligenz Ihr Employee Experience Design bereichern kann. Achten Sie bei dem Einsatz dieser Tools jedoch unbedingt auf Datenschutz und Datenqualität und bei digitalen Tools auch immer auf die tatsächliche Benutzerfreundlichkeit für Ihren individuellen Anwendungsbereich und Ihre Zielgruppe.

5.2.1 Künstliche Intelligenz im Employee Experience Design

Künstliche Intelligenz revolutioniert das Employee Experience Design, indem sie personalisierte, dennoch automatisierte und datenbasierte Lösungen ermöglicht. Stimmig genutzt, birgt Künstliche Intelligenz wertvolle Chancen zur Ressourcenschonung und gleichzeitig Mitarbeiterbegeisterung.

- **Automatisierung der Rekrutierung**
  KI-gestützte Tools können den Rekrutierungsprozess erheblich beschleunigen und verbessern, indem sie administrative Aufgaben wie zum Beispiel das Absagemanagement übernehmen. Keinesfalls sollten Sie die (Vor-)Auswahl von passenden Kandidaten der KI überlassen.

- **Personalisierte Weiterbildung und Entwicklung**
KI kann die individuellen Stärken und Schwächen der Mitarbeiter analysieren und darauf basierend personalisierte Weiterbildungsprogramme empfehlen. Durch die Analyse von Leistungsdaten und Rückmeldungen ist es möglich, maßgeschneiderte Schulungspläne zu entwickeln, die den spezifischen Bedürfnissen jedes Einzelnen gerecht werden. Dies fördert nicht nur das individuelle Wachstum, sondern steigert auch die Gesamtproduktivität des Unternehmens. Voraussetzung dafür ist ein entsprechend fundiert programmiertes und mit Inhalten gefüttertes Tool, das ausnahmslos von allen im Unternehmen genutzt wird.
- **Optimierung der Personaleinsatzplanung**
In der Tourismusbranche ist eine effektive Personaleinsatzplanung entscheidend, um Spitzenzeiten zu bewältigen und gleichzeitig Überstunden zu minimieren. KI-Tools können historische Daten, Buchungsmuster und andere relevante Informationen analysieren, um präzise Vorhersagen über den zukünftigen Personalbedarf zu treffen. Dadurch wird eine optimalere Einsatzplanung möglich, die sowohl die Bedürfnisse der Gäste als auch die der Mitarbeiter berücksichtigt. Wenn der Dienstplan auch immer noch von der Führungskraft geschrieben wird, kann ein Abgleich zwischen beiden Versionen – von Menschen und von KI erstellt – durchaus aufschlussreich sein.
- **Verbesserung der Mitarbeiterbindung**
KI kann durch die Analyse von Feedbackdaten aus unterschiedlichen Umfragen – sei es klassische Mitarbeiterzufriedenheitsbefragungen oder Austrittsgesprächen – frühzeitig Hinweise auf Unzufriedenheit oder Abwanderungsabsichten geben. Personalverantwortliche können auf dieser Basis proaktiv Maßnahmen ergreifen, um die Mitarbeiterzufriedenheit zu steigern und die Fluktuation zu reduzieren.
- **Erstellung von Inhalten**
KI kann ausgezeichnet bei der Erstellung von Inhalten unterstützen. Egal ob Sie Trainingsinhalte für das Onboarding oder interne Schulungen benötigen oder Posts für Ihre Kanäle in den sozialen Medien erstellen wollen. Hier kann KI mittlerweile für alle Anwender – egal ob KI-Neuling oder Profianwender – eine großartige und wertvolle Unterstützung sein.

5.2.2 Digitale Tools im Employee Experience Design

Der Einsatz digitaler Tools im Employee Experience Design eröffnet Unternehmen neue Möglichkeiten, die Mitarbeitererfahrung effizienter und durchweg auch individualisierter zu gestalten, während gleichzeitig mittelfristig Ressourcen eingespart werden können. Digitale Tools sind folglich ein zentraler Bestandteil eines zukunftsfähigen Employee Experience Designs.

- **Digitale Onboarding-Plattformen**
  Das Onboarding neuer Mitarbeiter ist ein entscheidender Faktor für deren langfristige Zufriedenheit und Integration ins Unternehmen. Digitale Onboarding-Plattformen ermöglichen es, neue Mitarbeiter strukturiert und interaktiv in die Unternehmenskultur einzuführen, ihnen alle wichtigen Informationen zur Verfügung zu stellen und den Einstieg zu erleichtern. Interaktive Module, Videos und Quizze können den Onboarding-Prozess interessanter und effektiver gestalten.
- **Verwaltungs- und Bewerbermanagementsoftware**
  Personalstammdaten und Abrechnungen sowie Bewerberdaten und die jeweilige Korrespondenz lassen sich schon lange und relativ leicht digitalisieren. Das Nichtvorhandensein entsprechender Systeme ist mittlerweile die Ausnahme. In der Regel ist jedes Unternehmen dankbar, hierfür ein passendes System gefunden zu haben. Vernachlässigen Sie dadurch jedoch nicht die emotionale und essenzielle Candidate Journey. Ein Fan von Videocalls mit Avataren zur FAQ-Beantwortung oder der Bewertung von Kandidaten durch AI bin ich persönlich nicht, und auch der rechtliche Rahmen mahnt hier, vorsichtig zu sein. Emotionen entstehen – im Moment noch – von Mensch zu Mensch, und das ist der größte Erfolgsfaktor im Employee Experience Design.
- **Mitarbeiterportale und Kommunikationsplattformen**
  Digitale Mitarbeiterportale bieten zentrale Anlaufstellen für alle relevanten Informationen und ermöglichen eine unkomplizierte Kommunikation im Team. Über solche Plattformen können Mitarbeiter auf Schulungsmaterialien, Unternehmensrichtlinien und wichtige Dokumente zugreifen, was die Transparenz erhöht und den Austausch erleichtert. Außerdem kann über diese Plattformen leicht, auch schnittstellenübergreifend, kommuniziert werden. Nicht nur in großen und dezentral organisierten Tourismusunternehmen sind solche Tools unverzichtbar. Eine professionelle und effiziente Meetingstruktur und -kultur ersetzen sie jedoch nur bedingt.
- **Mitarbeiter-Feedback-Tools**
  Regelmäßiges Feedback ist essenziell für die Mitarbeiterzufriedenheit und Entwicklung. Digitale Feedback-Tools ermöglichen es, kontinuierlich Rückmeldungen zu sammeln und auszuwerten. Dies fördert eine Kultur des offenen

5.2 Die Rolle von KI und digitalen Tools

Dialogs und hilft, Probleme frühzeitig zu erkennen und anzugehen. Mitarbeiter können anonym oder offen Feedback geben, was die Qualität und Ehrlichkeit der Rückmeldungen verbessert. Bedenken Sie, dass nach Umfragen sowohl Ergebnisse als auch daraus resultierende Maßnahmen intern kommuniziert werden müssen, um die Glaubwürdigkeit dieser Befragungen und Ihrer Führung zu stärken.

- **Digitale Lerninhalte**
Wie in Kap. 3 bereits erwähnt, erfreuen sich digitale Lerninhalte immer größerer Beliebtheit und sind, spätestens seit der Pandemie, auch weit verbreitet. Wenn man hierfür im eigenen Unternehmen Potenzial sieht, sollte man sich mit den Themen einer digitalen Akademie, Lernvideos, Webinaren und Blended Learning und dem damit verbundenen digitalen Feedback und den Communitytools im Detail auseinandersetzen.

- **Leistungsmanagement-Software**
Digitale Tools zur Leistungsbewertung helfen dabei, Ziele klar zu definieren, Fortschritte zu überwachen und regelmäßig Feedback zu geben. Solche Systeme können auch an die persönliche Entwicklung der Mitarbeiter angepasst werden und helfen, individuelle Karrieremöglichkeiten aufzuzeigen. Dadurch wird eine kontinuierliche Weiterentwicklung gefördert, was zu höherer Motivation und Produktivität führt. Ein entsprechendes Tool ist aus meiner Praxiserfahrung heraus erst ab einer gewissen Unternehmensgröße sinnvoll.

- **Digitale Offboarding Tools**
Viele Unternehmen nutzen inzwischen digitale Plattformen und Softwarelösungen, um den Offboarding-Prozess zu standardisieren und effizient zu gestalten. So kann viel Arbeitszeit gespart werden und die Abhängigkeit von haptischen und menschlich geführten Listen ist minimiert. Diese Tools helfen bei der Verwaltung der notwendigen Formalitäten, Rückgabe von Unternehmensbesitz und Deaktivierung von Zugängen. Sie bieten oft automatisierte Checklisten, die sicherstellen, dass alle Schritte reibungslos ablaufen.

5.2.3 Herausforderungen und Chancen

Während die Integration von KI und digitalen Tools im Tourismus viele Vorteile mit sich bringt, stehen Unternehmen auch vor Herausforderungen. Es ist wichtig, die Technologie sinnvoll einzusetzen, ohne den menschlichen Faktor zu vernachlässigen. Die Balance zwischen Automatisierung und persönlicher Interaktion ist besonders in einer Branche wie dem Tourismus entscheidend.

- **Die Notwendigkeit der Schulung**
  Mitarbeiter müssen geschult werden, um digitale Tools effektiv nutzen zu können. Dies erfordert Investitionen in Fortbildungen und kontinuierliches Lernen. Es ist wichtig, dass Mitarbeiter die Vorteile der neuen Technologien verstehen und sich sicher im Umgang damit fühlen.
- **Datenschutz und Datensicherheit**
  Die Erhebung und Verarbeitung von Mitarbeiterdaten durch KI und digitale Tools wirft Fragen des Datenschutzes auf. Unternehmen müssen sicherstellen, dass sie die gesetzlichen Vorgaben einhalten und transparente Richtlinien für den Umgang mit Daten entwickeln. Wissen rund um gültige Datenschutzrichtlinien und zutreffende Inhalte aus dem EU Artificial Intelligence Act sind Voraussetzung.
- **Menschliche Interaktion bewahren**
  Trotz der Effizienzgewinne durch digitale Tools darf die menschliche Interaktion nicht vernachlässigt werden. Mitarbeiter schätzen den persönlichen Austausch und das direkte Feedback von Vorgesetzten und Kollegen. Unternehmen sollten daher auf eine ausgewogene Kombination von Technologie und menschlichem Miteinander achten.

Künstliche Intelligenz und digitale Tools bieten im Employee Experience Design enorme Potenziale. Sie helfen, Prozesse zu optimieren, Abläufe und Arbeitsaufwände zu verschlanken und zu reduzieren und eine moderne, ansprechende Arbeitsumgebung zu schaffen. Um diese Vorteile voll auszuschöpfen, ist es jedoch entscheidend, die Technologie sinnvoll zu integrieren und gleichzeitig den menschlichen Aspekt im Arbeitsalltag zu bewahren. Die richtige Balance aus Innovation und persönlicher Nähe wird letztlich den Erfolg ausmachen.

Ihre persönlichen Reflexionsfragen

- Wie kann man digitale Tools und Künstliche Intelligenz in meinem Unternehmen oder Fachbereich nutzen, um effizienter zu arbeiten oder Mehrwert zu schaffen?
- Wer könnte mich hierbei als Experte unterstützen?

Weiterführende Literatur
- Becker, M. (2009). Personalentwicklung: Bildung, Förderung und Organisationsentwicklung in Theorie und Praxis. Schäffer-Poeschel, Stuttgart.
- Schiersmann, U. & Thiel, H. U. (2018). Organisationsentwicklung. Prinzipien und Strategien von Veränderungsprozessen. Springer Fachmedien, Wiesbaden.
- Minten, T. (2021). Digital Employee Experience: Put Employees First Towards a More Human Digital Workplace. Lulu, Morrisville.

Literatur

Rowold, J. (2015). *Human Resource Management. Lehrbuch für Bachelor und Master.* Wiesbaden: Springer Gabler.

Fazit 6

Wie oft entscheiden ein einfaches Lächeln oder das freundliche Aufhalten einer Tür über die Wahrnehmung des Unternehmens durch den Gast? Ähnlich verhält es sich bei Ihren (potenziellen) Mitarbeitern. Employee Experience Design im Tourismus ist mehr als nur ein Trend. Es ist ein strategischer Ansatz, der die Bedürfnisse und Erwartungen der Mitarbeitenden in den Mittelpunkt stellt und die Zukunftsfähigkeit Ihres Unternehmens sichert. Durch die konsequente Gestaltung positiver Erlebnisse am Arbeitsplatz können Sie nicht nur die Zufriedenheit, Gesundheit und das Engagement Ihrer Mitarbeitenden steigern, sondern auch ihre Attraktivität als Arbeitgeber erhöhen und letztlich den nachhaltigen Geschäftserfolg positiv beeinflussen.

Im Tourismus, wo die direkte Interaktion mit Kunden eine zentrale Rolle spielt, hat die Gestaltung der Employee Experience zudem einen direkten Einfluss auf die Kundenzufriedenheit. Denken Sie an einen Mitarbeiter, der einem Gast bei der Orientierung hilft oder ein kleines Gespräch führt, während er den Weg zum Restaurant zeigt – diese Momente schaffen Erinnerungen. Unternehmen, die in die Entwicklung einer positiven Arbeitsumgebung investieren, schaffen eine Kultur der Wertschätzung und des Zusammenhalts, die sich in einem besseren Service und einer stärkeren Gästebindung niederschlägt.

Die Digitalisierung und der Einsatz von Künstlicher Intelligenz bieten sowohl Chancen als auch Herausforderungen für das Employee Experience Design. Auf der einen Seite ermöglichen digitale Tools und auf Künstlicher Intelligenz basierende Analysen eine wesentliche Arbeitserleichterung und neue Perspektiven und Möglichkeiten. Automatisierung kann administrative Aufgaben erleichtern und den Mitarbeitenden mehr Zeit für wertschöpfende Tätigkeiten geben. Es besteht allerdings die Gefahr, dass der menschliche Aspekt der Employee Experience in den

Hintergrund gedrängt wird, wenn man sich zu sehr auf technologische Lösungen verlässt. Die für den Erfolg so wichtige Emotionalisierung an allen Berührungspunkten kann zwar digital unterstützt werden, aber nur durch Menschen gelingen. Ein ausgewogenes Verhältnis zwischen technologischen Innovationen und persönlicher Interaktion ist daher entscheidend.

Die individuelle Umsetzung der vorgestellten Ansätze als gesamtheitliches Organisationsentwicklungsprojekt bietet Ihnen die Möglichkeit, maßgeschneiderte Lösungen zu entwickeln, die spezifische Bedürfnisse und Herausforderungen Ihres Teams berücksichtigen. Gehen Sie den Weg nicht für Ihr Team, sondern gemeinsam mit Ihrem Team. Überlassen Sie die Berührungspunkte mit Ihrem wichtigsten Erfolgsfaktor, den Menschen in Ihrem Team, weder dem Zufall noch einer Maschine. Gestalten Sie proaktiv und positiv. Wenn ich abschließend nur einen Rat mitgeben darf: Widmen Sie sich mit besonderer Sorgfalt dem Thema Kommunikation in allen Facetten, vor allem aber der direkten und persönlichen. Die Technologien mögen sich ändern, doch der Mensch bleibt das Herzstück jeder Dienstleistung.

Die Zukunft gehört jenen Unternehmen, die den Mut haben, über den Tellerrand zu schauen und ihre Arbeitswelt proaktiv zu gestalten. Auf Basis bewährter Werte und mit Offenheit und Bewusstsein für alles, was sich verändert und neu ist. Die Chancen sind größer denn je.

Gutes Gelingen!